Alexandra Maria Perz

Musikspiele zum Tanzen, Darstellen und Musizieren für Kita und Krippe

Verlag an der Ruhr

Impressum

Titel
Musikspiele zum Tanzen, Darstellen und Musizieren für Kita und Krippe
Mit Audio-CD

Autorin
Alexandra Maria Perz

Gesang, Instrumente und Notensatz
Sabine Nick

Aufnahme
Musikwerk, Meinhard Wind

Umschlagbilder
Foto: © sirtravelalot; Illustrationen Kinder: © Olga1818 – beide shutterstock.com

Fotos Innenteil
Siehe Quellenangaben S. 95

Lektorat
Marion Clausen

Satz und Layout
krauß-verlagsservice, Ederheim/Hürnheim

Druck
Heenemann GmbH & Co. KG, Berlin, DE

CD-Herstellung
Optimal media GmbH, Röbel/Müritz, DE

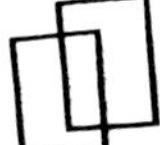

Verlag an der Ruhr
Mülheim an der Ruhr
www.verlagruhr.de

Geeignet für Kinder von 2–6 Jahren

ISBN 978-3-8346-4368-1

Hinweis: Der Verlag an der Ruhr legt großen Wert auf eine geschlechtergerechte und inklusive Sprache. Daher nutzen wir bevorzugt das Gendersternchen, um sowohl männliche und weibliche als auch nichtbinäre Geschlechtsidentitäten einzuschließen. Alternativ verwenden wir neutrale Formulierungen.
An einzelnen Stellen in den Liedtexten dieses Buches verzichten wir dennoch auf das Gendern. Dies ist eine Einzelfallentscheidung aus didaktischen Gründen und ist in keinem Fall ausschließend oder diskriminierend zu verstehen.

Vorwort

Liebe Leser*innen,

Sie halten dieses Buch in der Hand, weil Sie Unterstützung für Ihre tägliche Arbeit mit Kindern suchen oder weil Sie als Eltern oder Bezugspersonen ins Spiel mit Ihren Kindern Gesang, Rhythmus und Körperbewegung einfließen lassen möchten.

Ich unterrichte seit vielen Jahren Menschen aller Altersgruppen im Klavierspiel und begleite mit viel Freude und Engagement Kinder (hauptsächlich im Vorschulalter) während meiner Stunden zur rhythmisch-musikalischen Erziehung. Kleine Kinder bringen ein natürliches Interesse an Musik mit in die Kitas und nehmen gern an allen möglichen musikalischen Tätigkeiten teil.

Jedes Kind ist musikalisch!

Die drei Kapitel stellen Musikspiele zu diesen Themen vor:

- Bewegung/Tanz,
- musikalische Rollenspiele und
- Musizieren mit Rhythmusinstrumenten.

Dabei lernen die Kinder auf spielerische Weise musikalische Grundlagen kennen und machen wichtige Körpererfahrungen sowie Erfahrungen über sich und über das Miteinander mit anderen.

Zahlreiche heitere Liedtexte mit Reimen aus dem Lebensalltag der Kinder laden zum Tanzen, Singen und Musizieren ein. Wer die Lieder mit einem Instrument selbst nachspielen möchte, findet die Noten hinten im Buch ab S. 65.

Ich hoffe, dass Ihnen die Umsetzung dieser Ideen genauso viel Freude bereitet, wie ich sie in den Jahren des gemeinsamen Musizierens mit Kindern erfahren durfte.

Lassen Sie uns zusammen spielen und singen!

Ihre Alexandra Maria Perz

CD-Index und Notenverzeichnis

Warum rhythmisch-musikalische Erziehung?

Hintergründe und Durchführung

Warum rhythmisch-musikalische Erziehung der Persönlichkeitsentwicklung dient

Rhythmik ist eine Wechselwirkung zwischen Musik und Bewegung und findet immer im Zusammenhang mit anderen Menschen statt. Diese besondere Form der Erziehung mithilfe der Musik, Bewegung, Sprache/ Stimme unterstützt und fördert die Persönlichkeitsentwicklung der Kinder in Bezug auf

- die Sensibilisierung der Sinne,
- kreative Ausdrucksfähigkeit und
- soziale Kompetenzen.

Rhythmik fördert auch

- die Musikalität,
- die Konzentration,
- den Teamgeist,
- die Spontaneität,
- die Wahrnehmungsfähigkeit und
- die Geschicklichkeit.

Ich biete Ihnen eine Fülle von Bewegungsspielen, Liedtexten und Übungen mit und ohne Instrumente. Jedes Kind kann sich in Musik, Sprache, Bewegung und Gestaltung so äußern, wie es seinen Möglichkeiten und Fähigkeiten in diesem Moment des Geschehens entspricht. Sehr wichtig ist die Bewertungsfreiheit und Akzeptanz.

Auch die Einführung von Ruhephasen, Innehalten und Entspannung sollten Sie nicht vergessen, denn:

Die Stille ist auch Musik.

Welche Ziele Sie durch den Einsatz der Lieder/ Sprechlieder und Übungsspiele erreichen können

Was erfährt das einzelne Kind über sich?

- Wahrnehmung der eigenen Stimme (Sprechen, Gesang)
- Wahrnehmung des eigenen Körpers und der Körperteile
- Intensivierung der Gefühle im Moment des Geschehens
- Wahrnehmung der Entspannung und der Ruhe im Selbst und im Raum
- Aktivierung des natürlichen Bewegungsbedürfnisses
- Wahrnehmung der eigenen Reaktionen und ausgedrückten Gefühle

Welche allgemeinen Fähigkeiten werden gefördert?

- Förderung des Spracherwerbs (Wortschatzerweiterung, Satzbildung, Aussprache)
- Unterstützung der Entwicklung der Grob-/Feinmotorik
- Unterstützung der Aufmerksamkeits- und Konzentrationsentwicklung
- Unterstützung der Spontaneität und des flexiblen Handelns
- Erkundung der Materialien (Formen, Strukturen, Farben)
- Anregung der Fantasie (Darstellung, Gestaltung)
- Schulung des Gedächtnisses beim spielerischen Erlernen der Liedtexte
- Ableiten von Unruhen und Anspannungen
- Anregung aller Sinnesorgane

Welche musikalischen Fähigkeiten werden gefördert?

- Erkennen von Dynamik, Tempo, Rhythmus und Melodie
- Kennenlernen von Liedtexten mit Reimen und dazu passenden Melodien
- Finden des Widerhalls der gespielten oder gehörten Musik in sich selbst
- Erkennen der vielfältigen musikalischen Aktivitäten (Lust am Improvisieren und Experimentieren)
- Legen des Grundsteins für die Liebe zur Musik

Wie werden die Beziehungen zu anderen gefördert?

- Vertiefung der Beziehung zu den Mitspielenden, zu den Eltern und anderen Bezugspersonen
- Wahrnehmung von *Ich* und *Du* und *Wir*
- Entwicklung von Verantwortung, Rücksichtnahme und Toleranz
- Steigerung von Sensibilität und Wahrnehmungsfähigkeit
- Erwecken der Neugier und Freude am Zuhören, Beobachten und Mitmachen

Übersicht über die Themen

Bewegung/Tanz mit Alltagsmaterialien

- Leichtigkeit der Bewegung – Federn/Tücher/Ballons
- Spiele mit Papprollen/Windrädern
- Spiele mit Steinen/Kastanien/Nüssen

Musikalische Rollenspiele

- Draußen/Im Wald/Im Park
- Im Märchen
- Der Haushalt
- Verwandlung in der Natur
- Ende November
- Im Winter
- Im Dezember

Musizieren/Improvisieren mit Rhythmusinstrumenten

- Spiele mit Trommeln
- Spiele mit Schellenringen/Kränzen
- Glockenspiele/Xylofon/Metallofon – Klangbausteine
- Triangelspiele
- Klanghölzer im Spiel
- Andere Klangquellen

Förderschwerpunkte

Die musikalischen Angebote in diesem Buch sind ganzheitlich. Daher werden bei jeder Übung folgende Bereiche immer gefördert:

- Sprachentwicklung
- audiovisuelle Wortschatzerweiterung
- motorische Entwicklung
- Aufmerksamkeit, Wahrnehmung und Konzentration
- Liedtexte lernen und wiedergeben
- Gehörbildung
- Miteinander und Füreinander
- Unterstützung der Persönlichkeitsentwicklung
- Erwecken von Neugier und Interessen
- Verarbeitung von Eindrücken

In der Beschreibung der Übungen finden Sie jeweils Informationen dazu, welche Schwerpunkte besonders gefördert werden.

Zum Umgang mit diesem Buch

In den drei Kapiteln werden Musikspiele beschrieben, die kindgerechte Themen aufgreifen und die für die rhythmisch-musikalische Bildung der Kinder in allen Kindereinrichtungen und zu Hause geeignet sind.
Sie fördern die Entwicklung von Körper, Geist und Seele und sorgen individuell und in der Gruppe für eine positive und wohltuende Stimmung.

TIPPS:

- *Bringen Sie den Kindern alle Liedtexte stufenweise bei; verteilen Sie ein Lied mit mehreren Strophen auf mehrere Tage.*
- *Jede Strophe soll einzeln erklärt, interpretiert und gestaltet sein.*
- ***Die Lieder können auch als rhythmische „Sprechlieder" verstanden werden.***
- *Singen Sie die Lieder langsam vor und passen Sie den Vortrag an die dazugehörigen Handlungen an.*
- *Stellen Sie jedem Kind zum Musizieren und Experimentieren ein Hilfsmittel (Gegenstand, Kleidungsstück oder Instrument) zur Verfügung.*
- *In allen Kapiteln kommen Themen wie Bewegung, Gesang, Spielen mit körpereigenen Instrumenten (Hände klatschen, Beine stampfen, auf Oberschenkel trommeln …) und Nachahmen vor.*
- *Das Einführen von Pausen im Takt fördert die Konzentration und Aufmerksamkeit:* ***Pause ist auch Musik.***
- *Zur Vertiefung (für die Kinder wie für die ausführenden Personen) dient die beiliegende* ***Audio-CD*** *mit allen Liedern.*
- *Bauen Sie keinen leistungsorientierten Erwartungsdruck auf. Die Kinder lernen am besten spielerisch mit Spaß und Freude.*
- *Achten Sie darauf, das Spiel mit einem* ***Ausklang*** *zu beschließen. Dazu können sich die Kinder hinsetzen oder hinlegen. Probieren Sie aus, inwieweit die Kinder mit geschlossenen Augen schweigen können. Innehalten ist wichtig.*
- *Die Übungsspiele eignen sich für Kinder im* ***Alter*** *von 2 bis 6 Jahren. Es werden keine speziellen Altersangaben gemacht, da Sie am besten einschätzen können, welches Spiel zu Ihrer Gruppe passt.*

Hinweise zu den Kapiteln

Bewegung/Tanz mit Alltagsmaterialien (Lieder Nr. 1 bis 7)

Bewegung

Hier finden Sie Musikspiele als Anregungen für folgende Themen:

- mit verschiedenen Materialien (Farben, Formen) umgehen und sie umfunktionieren, Gegensätze im Alltag kennenlernen,
- das Pusten üben (ein- und ausatmen),
- etwas oder jemanden antippen,
- etwas ertasten, greifen und *be*-greifen,
- etwas oder jemanden beobachten und experimentieren.

Die Kinder sind fast immer in Bewegung, denn sich spielerisch zu bewegen, tut einfach gut.

Tanz

Kinder sind kreative Tänzer*innen und sie tanzen mit improvisierten Bewegungen. In der Fantasiewelt des Kindes können alle Wesen oder Gegenstände tanzen: Schmetterling, Schneemann, Fliegenpilz, Zwerge oder auch die bunten Tücher.

Beim freien Tanzen können sich die Kinder richtig austoben, ihre Kreativität ausleben und ihre Persönlichkeit zum Ausdruck bringen.

Musikalische Rollenspiele (Lieder Nr. 8 bis 15)

Darstellen, Visualisieren, Nachahmen

Die Kinder spielen sich gerne mit viel Fantasie in die Welt der Erwachsenen ein und entwickeln dadurch unter anderem ihr Verständnis für tägliche Aufgaben der Eltern/Bezugspersonen und der Erzieher*innen.

Sie finden hier auch Rollenspiele, die Sie zu bestimmten Jahreszeiten oder Tagen einsetzen können, sowie solche mit bekannten Märchenfiguren.

Einige Singspiele vermitteln eine Alltagstätigkeit, andere regen die Kinder zur Darstellung/Visualisierung/Nachahmung aus der Tier- oder Pflanzenwelt an.

Musizieren mit Rhythmusinstrumenten (Lieder Nr. 16 bis 21)

Rhythmusinstrumente

Kinder reagieren von Anfang an mit Neugier und Interesse auf Geräusche, Stimmen und Klänge. Sie lauschen den Tönen und versuchen, sie zu erkunden und nachzuahmen. Sie brauchen nicht viel Anleitung, um Musik zu erzeugen, und erkennen schnell die Instrumente.

In diesem Kapitel finden Sie Musikspiele mit der Begleitung von Glockenspielen/Xylofon, Metallofon-Klangbausteinen, Triangeln, Rasseln/ Schellenkränzen und Trommeln.

Im Vordergrund stehen immer der Spaß und die Freude, es geht aber auch um Grundkompetenzen für das rhythmische Spiel mit Instrumenten. Die Kinder nehmen mit all ihren Sinnen Melodie, Rhythmus, Tempo und Dynamik wahr und setzen dies schnell praktisch um.

Sie lernen hier auch andere Rhythmusinstrumente, wie Klanghölzer, kennen und erzeugen Klänge mit Alltagsgegenständen, z. B. einen Klick-Klack-Klang durch das Anschlagen von Löffeln aus der Küche.

Körpereigene Instrumente

Das Thema „Körpermusik" ist in alle Kapitel eingestreut. Die Kinder können ihren eigenen Körper „bespielen". Sie erzeugen Körperklänge, indem sie mit den Händen klatschen, mit den Beinen stampfen, mit Fäusten klopfen oder auf ihren Bauch oder auf die Oberschenkel trommeln.

Selbst gebastelte Klangquellen

Instrumente kann man aus einfachen und leicht zugänglichen Materialien und Gegenständen selbst bauen. Zu den selbst gebastelten gehören z. B. Kastagnetten aus Walnüssen, Rasseln mit aufgefädelten alten Schlüsseln oder Rasseln aus mit Reis oder Steinchen gefüllten Toilettenpapierrollen. Auch Blumentopf-Trommeln oder Schlagzeuge aus verschieden großen Dosen sind einfach zu machen. Lassen Sie Ihre Kreativität und Fantasie sprießen.

Beim Bauen erfahren die Kinder die Zusammenhänge zwischen Bau, Spielweise und Klang und erproben sie. Gestalten und Basteln macht allen Kindern viel Spaß.

Gesang

Singen mit Kindern lässt sich von der rhythmisch-musikalischen Bildung nicht trennen. Die Stimme ist das körpereigene Instrument.

Schon zweijährige Kinder können singen. Sie erfinden die kurzen Melodien aus ihren emotionalen Befindlichkeiten heraus.

Die Ausdrucksweise der Kinder im Alter von dreieinhalb bis vier Jahren wird durch das Auswendiglernen und Wiedergeben von Liedtexten und Rhythmus gefördert. Die Texte haben Reime und die Strophen oder Refrains wiederholen sich oft. Dies schafft ein Gefühl der Geborgenheit und Sicherheit.

In der Arbeit mit Kindern habe ich oft erfahren, dass die Kinder schneller auf eine gesungene Aufforderung reagieren als auf das gesprochene Wort.

Rituale

Wiederholungen in regelmäßigen Abständen helfen dem Kind, einen Inhalt gründlicher, nachhaltiger und bewusster zu erlernen. Eine sinnvolle Form der Wiederholung und Einprägung der Lieder ist das Anhören auf der beiliegenden CD (siehe CD-Index auf S. 6).

Gruppengröße

Meiner Erfahrung nach sollte die Anzahl der Kinder pro Gruppe auf maximal acht beschränkt sein. Je kleiner die Gruppe ist, desto mehr Aufmerksamkeit können Sie als Erzieher*in oder Elternteil dem einzelnen Kind schenken.

Alter der Kinder

Da die Entwicklung jedes Individuums unterschiedlich verläuft, liegt die Entscheidung für die altersgerechte Auswahl eines Musikspiels letztlich bei Ihnen. Jüngere Kinder können auch mal passiv zuschauen, falls ein Musikspiel für sie noch zu schwierig ist. Ältere Kinder übernehmen zusätzliche Aufgaben oder helfen den jüngeren.

Bewegung/Tanz mit Alltagsmaterialien

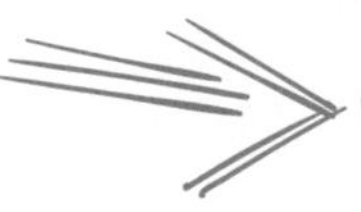

1. Federleicht
2. Die fliegenden Tücher
3. Mein Luftballon schwebt
4. Das Windrad dreht sich
5. Die Papprolle
6. Klick, klack, Kastanien (Nüsse)
7. Stein auf Stein

1 Federleicht

Thema: **Das Pusten und die Federn**

Das brauchen Sie: viele verschiedenfarbige Federn in einem Kästchen

Lernschwerpunkte:
- Atmung während des Pustens wahrnehmen
- Vielfalt der Farben und des Materials erkennen
- Bewegung der Feder spüren
- taktil-kinästhetischen Sinn (Tastempfindungen des Körpers) fördern
- Übungen mit Pusten durchführen

Begleit-CD: Track 1: Federleicht

Liedtext: Federleicht

1. Puste, puste die Feder aus der Hand.
Ganz weit weg in das schöne Wunderland.
Puste, puste noch höher und auch weiter!
Lustig, lustig, lustig, das Spiel ist einfach heiter.

2. Puste, puste, sie haben schöne Farben:
rot und gelb und auch rosa, lila, blau.
Alle schweben, dann landen sie ganz weich.
Die Federn sind nicht schwer,
sie sind ganz federleicht. *(2 ×)*

3. La, la, la, la, la, la, la, la, la, la, … *usw.*

zur Melodie der 1. Strophe

So geht es:

Teil 1: Das Pusten, die Federbewegungsarten

Alle Kinder stehen und beobachten, wie Sie etliche Federn mit verschiedenen Farben aus dem Kästchen hoch in die Luft werfen. Die Federn schweben, schaukeln, schwingen, fliegen, segeln und fallen herab. Welch ein buntes Treiben! Liegen alle Federn auf dem Boden, dürfen die Kinder sie einsammeln und ins Kästchen hineinlegen.

Nehmen Sie jetzt nur ein Federchen heraus. Legen Sie es auf Ihre innere Handfläche und pusten es hoch von sich weg. Beschreiben Sie laut die Art der Federbewegung: Die Feder fliegt, schwebt, dreht sich, gleitet und landet langsam und weich auf dem Boden.

Jetzt verteilen Sie die Federn an die Kinder. Jedes Kind bekommt nur ein Federchen, legt es auf die Hand und pustet es von der Handfläche weg. Die Feder bewegt sich durch die Atemluft: Je kräftiger gepustet wird, umso weiter/höher fliegt sie.

Die Kinder erlernen hier spielerisch das Pusten, was manchen gar nicht leichtfällt. Während des Spiels erklären Sie den Kindern erneut die Arten der Federbewegung. Sie fragen, wie die Federn wirken, und betonen die Leichtigkeit der Federn.

Sie spielen das Lied „Federleicht“ von der CD vor und wiederholen ein paar Mal die Strophen. Auf diese Weise lernen die Kinder schneller und bewusster den Liedtext. Wer schon mitsingen kann, stimmt ein.

Teil 2: Vielfalt der Farben

Alle Kinder sitzen im Kreis. Nehmen Sie die bunten Federn aus dem Kästchen nacheinander heraus und benennen ihre Farben. Jedes Kind bekommt ein Federchen. Wenden Sie sich einzeln mit dem Vornamen an jedes Kind und benennen Sie seine Federfarbe oder lassen Sie die Kinder dies tun.

Teil 3: Förderung des taktil-kinästhetischen Sinns, Wahrnehmung der Tastempfindungen des eigenen Körpers

Die Kinder berühren ihr Gesicht, den Hals oder die Fingerspitzen mit einer Feder. Sie spüren, wie es kitzelt. Die Kinder lachen oft dabei. Sie spüren, dass es sehr empfindsame Hautflächen gibt, z. B. am Hals oder an den Wangen, die das feine Streicheln deutlich besser wahrnehmen können.

Zum Schluss singen alle noch einmal gemeinsam das Lied.

 Die fliegenden Tücher

Thema: **Bunte Tücher, Tanzimprovisation, Bewegung**

Das brauchen Sie: farbsortierte Chiffontücher (in Regenbogenfarben)

Lernschwerpunkte:
- Material, Farben, Formen und Gewicht wahrnehmen
- mit Tüchern improvisiert tanzen
- sich für eine Farbe entscheiden
- mit Tüchern experimentieren und spielen (zusammenfalten)
- Kopf und Gesicht bedecken, sich hinter Tüchern verstecken

Begleit-CD: Track 2: Die fliegenden Tücher

Liedtext: Die fliegenden Tücher

1 Wir werfen die Tücher
ganz hoch zum Himmelszelt!
Mal rot, blau, grün oder rosa, gelb,
so bunt ist unsre Welt.

2 Wir werfen die Tücher
ganz hoch in den Himmel hinauf!
Dann schweben sie alle herunter *(2 ×)*
und wir fangen sie wieder auf.

3 Schau, wie sie schwingen,
segeln, tanzen und auch fliegen.
Dann sinken sie leicht zu Boden *(2 ×)*
und sie bleiben unten liegen.

4 Wir werfen die Tücher …

Wiederholung der 1. und 2. Strophe

So geht es:

Teil 1: Bunte Tücher in die Luft werfen und dabei tanzen

Die bunten Chiffontücher liegen auf dem Boden und jedes Kind darf ein Tuch für sich auswählen.

Zuerst werfen Sie Ihr eigenes Tuch hoch in die Luft, während die Kinder das Tuch genau beobachten sollen. So zeigen Sie den Kindern, wie leicht das Tuch ist, wie es schwebt und wie es langsam zum Boden herabsinkt.

Jetzt werfen die Kleinen ihre Tücher hoch („zum Himmel hinauf") und fangen sie beim Absinken wieder auf. Das Werfen und Auffangen wird mehrmals wiederholt.

Spielen Sie nun das Lied „Die fliegenden Tücher" von der CD vor, werfen Sie Ihr Tuch hoch und tanzen Sie, während Sie Ihr Tuch im Blick behalten und wieder auffangen. Die Kinder machen es nach.

Teil 2: Mit den Tüchern experimentieren und spielen

Sie können den Kindern weitere Spiele mit den Tüchern anbieten:

- Die Kinder können die Tücher zusammenfalten oder sie einfach zerknüllen. Wie gut gelingt das? Was passiert mit den Tüchern?
- Die Kinder können sich hinter dem Stoff verstecken („Kuckuck"-Spiel).
- Sie können auch ihr Gesicht mit dem Tuch bedecken und erforschen, wie die Welt/Umgebung durch das bunte Tuch hindurch aussieht.

Zum Schluss singen alle noch einmal gemeinsam das Lied oder hören es sich von der CD an.

3 Mein Luftballon schwebt

Thema: **Das Antippen, Tanz, Bewegung**

Das brauchen Sie: Luftballons (bunte und runde Formen)

Lernschwerpunkte:
- Gegensätze kennenlernen (leicht – schwer)
- Aufmerksamkeit schulen
- Fein- und Grobmotorik entwickeln (feines Finger-Antippen der Oberfläche)
- Material, Farben und Formen wahrnehmen

Begleit-CD: Track 3: Mein Luftballon schwebt

Liedtext: Mein Luftballon schwebt

1 Mein lieber, blauer Luftballon,
fliege mir bitte nicht weit davon.
Ich tippe dich mit meinen Fingern an
so leicht, so fein, wie ich heute kann. *(2 ×)*

2 Jetzt tanze, schwebe! Ich freue mich so sehr.
Mal auf, mal ab! Auch weiter und noch höher!
Mein lieber, blauer Luftballon,
fliege mir bitte nicht so weit davon.

3 La, la, la, la, la, la, la, … *usw.*

zur Melodie der 2. Strophe

TIPPS:

Sie können die Farben des Luftballons im Liedtext ändern. Auch die Formen der Pronomen sind hier leicht durch Pluralformen zu ersetzen (mein – unser, ich – wir).

So geht es:

Teil 1: Das Spiel mit dem Antippen

Die Kinder sitzen in einer Reihe, möglichst an einer Wand, da Sie für dieses Spiel mehr Platz in der Mitte des Raumes brauchen. Besorgen Sie die Luftballons möglichst in den Farben Rot, Grün, Blau und Gelb.

Nehmen Sie einen Luftballon und werfen Sie ihn in die Luft hinauf. Der Ballon fliegt und schwebt. Sie tippen ihn beim Absinken mit den Fingern ganz leicht an. Das Antippen wiederholen Sie öfter, damit der Ballon länger in der Luft schweben bleibt. Dabei benennen Sie laut die Farbe des Ballons.

Nun singen/sprechen Sie das Lied „Mein Luftballon schwebt" langsam vor und tippen den Lufballon weiter an. Setzen Sie im Liedtext die Farbe Ihres Ballons ein. Dann wählen Sie ein etwas älteres Kind aus und bringen ihm das leichte Antippen des Luftballons bei. Die anderen Kinder schauen zu.

Haben Sie für jedes Kind in der Gruppe einen Luftballon, so können jetzt alle Kinder mit dem Antippen der Luftballons beginnen und Spaß und Freude erleben.

Sie singen/sprechen das Lied erneut vor und wechseln im Text die Farben.

Teil 2: Sich beim Antippen umdrehen oder in die Hände klatschen

Machen Sie jetzt den Kindern eine neue Übung vor. Während der Luftballon etwas stärker angetippt wird und hochfliegt, drehen Sie sich einmal im Kreis herum und klatschen währenddessen in die Hände. Es sollte genügend Zeit sein, um sich umzudrehen und ein paar Mal zu klatschen. Dann sind die Kinder an der Reihe. Das macht Spaß!

Alternativ können Sie den Ballon antippen, ihn ganz hoch fliegen lassen und dabei tanzen.

Sie singen/sprechen dabei das Lied „Mein Luftballon schwebt" vor und tanzen mit den Kindern zusammen.

Am Ende setzen sich alle hin und hören das Lied auf der CD an.

4 Das Windrad dreht sich

Thema: **Das Pusten und die Windräder**

Das brauchen Sie: Windräder (mehrfarbige)

Lernschwerpunkte:
- Atmung, Farben und Material wahrnehmen
- Windräder aufmerksam beobachten
- Übungen mit Pusten (ein- und ausatmen)

Begleit-CD: Track 4: Das Windrad dreht sich

Liedtext: Das Windrad dreht sich

1 Ein kleines Windrad dreht sich! Schau mal hin.
Es zeigt die Farben in Rot, Blau und Grün.
Ein starker Wind kommt! Puste hinein
und atme ein und aus, so soll es sein.

2 Und diese Farben kennt jedes Kind
und lacht dabei im Wind.
Puste hinein! Mal stark, mal fein.
Das Windrad dreht sich! Das Windrad dreht sich!
Das Windrad dreht sich, ob groß oder klein.

3 Das Windrad dreht sich munter!
Die Farben werden bunter.
Puste hinein, mal stark, mal fein.
Das Windrad dreht munter!
Die Farben werden bunter.
Puste hinein! Mal stark, mal fein.

So geht es:

Teil 1: Das Windrad zum Drehen bringen

Sie zeigen den Kindern ein Windrad und beschreiben seine Form und die Farben. Danach pusten Sie in das Windrad hinein. Die Kinder sehen: Oh! Das Windrad fängt an, sich zu drehen!

Nun darf es ein älteres Kind ausprobieren: Sie geben ihm ein Windrad und zeigen ihm die Stelle, wo es hineinpusten sollte. Helfen Sie dem Kind so lange, bis sich das Windrad tatsächlich dreht.

Verteilen Sie jetzt die Windräder an alle Kinder. Alle pusten in die Windräder hinein, bis diese sich drehen. Das ist keine leichte Aufgabe, besonders für die Kleinsten ist das Pusten schwierig. Die Kinder erkennen, dass sich die Windräder durch ihre Atemluft drehen. Sie erlernen hier spielerisch das Pusten.

Die Übung wird mehrmals wiederholt, denn das Windrad ist nicht einfach zu bewegen. Die Freude kommt erst dann, wenn sich das Windrad dreht.

Die Kleinen sind auf Ihre Hilfe angewiesen, indem Sie mitpusten. Sollte es einem Kind trotzdem nicht gelingen, können Sie das Windrad mit der Hand leicht zum Drehen bringen.

Teil 2: Den Wind spüren

Bei den drehenden Rädern spüren die Kinder den Wind. Die Kinder können auch ausprobieren, was passiert, wenn mehrere Kinder gleichzeitig ein Windrad anpusten: Es dreht sich schneller und es ist mehr Wind zu spüren.

Sie singen/sprechen das Lied „Das Windrad dreht sich“ vor und wiederholen ein paar Mal die Strophen. Auf diese Weise lernen die Kinder schneller und bewusster den Liedtext.

Zur Vertiefung des Gelernten können sich alle das Lied auf der CD anhören und mitmachen.

5 Die Papprolle

Thema: **Beobachten, hineinblasen, -pusten, -schauen, visualisieren, Funktionen der Papprolle (zum Durchschauen und als Trompete)**

Das brauchen Sie: leere Papprollen von Küchentüchern

Lernschwerpunkte:
- beobachten (mit einem Auge hineinschauen)
- visualisieren (Papprolle zur Trompete umfunktionieren)
- pusten, musizieren, tanzen

Begleit-CD: Track 5: Die Papprolle

Liedtext: Die Papprolle

1 Ich schaue durch die Rolle
mit einem Auge hinein
und ich sehe meine Freunde,
ich bin hier nicht allein!

2 Ich schaue durch die Rolle
mit dem andren Auge hinein.
Dann sehe ich die ganze Welt
und alles, was mir gefällt!

3 Und jetzt ist sie meine Trompete!
Ich gebe acht, dass ich sie nicht zerknete.
Und dann puste ich so stark hinein *(2 ×)*
und ich lade euch zum Tanzen ein!

4 Du, du, du, du, du, du, du, du, du, … *usw.*

zur Melodie der 3. Strophe

So geht es:

Teil 1: Beobachten (Personen oder Gegenstände im Raum)

Alle Kinder und Sie sitzen im Kreis. Sie nehmen eine Papprolle in die Hand und beschreiben Material, Form und Farbe. Danach schauen Sie mit einem Auge durch die Papprolle. Sie richten die Papprolle nacheinander auf die Kinder und begrüßen jedes Kind einzeln mit dem Vornamen: „Hallo, Markus, ich sehe dich!" Oder „Hallo, Emilia, ich sehe dich auch durch diese Papprolle!" usw. Etwa bei der Hälfte der Kinder wechseln Sie das Auge.

Wenn alle Kinder einzeln begrüßt wurden, verteilen Sie die Papprollen an jedes Kind. Die Kinder können jetzt aufstehen, herumgehen und durch die Papprollen die Freund*innen oder Gegenstände im Raum betrachten.

Spielen Sie den Kindern das Lied „Die Papprolle" vor oder singen Sie es. Wiederholen Sie ein paar Mal die ersten zwei Strophen. Damit beschreiben Sie, was gerade im Raum geschieht.

Wenn die Kinder möchten, dürfen sie mitsingen.

Teil 2: Die Papprolle wird zur Trompete umfunktioniert; die Papprolle macht Musik.

Für diese Übung stellen sich alle hin. Fragen Sie, wie aus der Rolle eine Trompete werden könnte. Einige Kinder werden vermutlich die Papprolle zum Mund führen, hineinblasen und dabei Tröt-Geräusche machen.

Die Kinder pusten (blasen) stark in die Papprolle hinein, als ob die Papprolle eine Trompete wäre. Alle bewegen sich oder tanzen dabei. So entsteht eine schöne „Durcheinander-Improvisation".

Während die Kinder mit den Papprollen „musizieren", spielen Sie die dritte Strophe des Liedes vor oder singen sie. Auf diese Weise lernen die Kinder schneller und bewusster die Melodie und den Liedtext.

Zur Vertiefung des Gelernten können sich alle das Lied auf der CD anhören und mitmachen.

 6 Klick, klack, Kastanien (Nüsse)

Thema: **Rhythmische Bewegung der Hände, Tempo, Dynamik**

Das brauchen Sie: Kastanien/Nüsse (für jedes Kind zwei)

Lernschwerpunkte:
- Material, Farbe und Form kennenlernen
- Töne hervorrufen durch „Anklicken" bzw. Zusammenstoßen der beiden Kastanien/Nüsse
- Tempo wechseln (schnell, langsam)
- Dynamik ändern (laut, leise)
- rhythmisch zählen
- Kastanien/Nüsse als Rhythmusinstrument nutzen

Begleit-CD: Track 6: Klick, klack, Kastanien (Nüsse)

Liedtext: Klick, klack, Kastanien (Nüsse)

1. Klick, klack, Kastanien. Klicke, klacke, klick!
   (oder „mit Nüssen")
   Kinder, heute machen wir „Kastanienmusik"!
   (oder „mit Nüssen die Musik")
   Klick, klack, Kastanien. Klicke, klacke, klick!
   Alle Kinder klicken zur „Kastanienmusik".
   (oder „feinen Nussmusik")

2. Ja, schaut nur her und hört gut zu,
   Klick, klack, klick. Dann eins, zwei, drei, vier,
   klicke, klacke, klicke, klacke, klacke, klick.
   Schnell, noch schneller! Klicke, klack, Kastanienmusik.
   Klick, klack, Kastanien. Klicke, klacke, klick!
   Kinder, heute machen wir „Kastanienmusik"!
   Klick, klack, Kastanien. Klicke, klacke, klick!
   Alle Kinder klicken zur „Kastanienmusik".

3. Jetzt spielen auch die Nüsse mit.
   Klick, klack, klick. Dann eins, zwei, drei, vier,
   klicke, klacke, klicke, klacke, klacke, klick.
   Schnell, noch schneller! Klicke, klacke. Eine „Nussmusik".

Klick, klack, Nüsse. Klicke, klacke, klick.
Kinder, heute machen wir eine „Nussmusik".

4 Klick, klack, Nüsse. Klicke, klacke, klick.
Alle Kinder klicken zur „Nussmusik".
La, la, la, la, la, eins, zwei, drei, vier, klick,
la, la, la, la, la, la, klicke, klacke, klick.
La, la, la, la, la, eins, zwei, drei, vier, klick,
la, la, la, la, la, la, la, la, la – klick.

TIPP:

Falls Sie nur Nüsse vor Ort haben, können Sie den Text wie oben angegeben abändern.

So geht es:

Teil 1: Im Herbst – eine Klick-klack-Improvisation

Falls möglich, organisieren Sie vorab für die Kinder einen Ausflug in den Park, um die Kastanien oder Nüsse in einem Behältnis zu sammeln. Sie nehmen eine Kastanie oder eine Nuss in die Hand und beschreiben ihre Farbe und Form. Dann verteilen Sie jeweils zwei Kastanien oder Nüsse an die Kinder. In jeder Hand befindet sich eine Kastanie/Nuss.
Wie entstehen nun Töne? Sie stoßen z. B. die Kastanien/Nüsse aneinander und alle machen es Ihnen nach. Am Anfang wird das Anklicken spontan verlaufen. Die Kinder können selbst entscheiden, wie schnell oder langsam sie die Kastanien/Nüsse zusammenstoßen möchten. Es entsteht eine kleine „Klick-klack-Improvisation".

Teil 2: Tempo und Dynamik, Rhythmuszählen

Jetzt klicken Sie in gleichbleibendem Tempo an und zählen dabei z. B. bis zwei. Alle Kinder sollen es Ihnen nachmachen. Alle klicken konsequent nur 2-mal an. Dazwischen fügen Sie das Wort „Pause" ein. Sie können die Anzahl auch variieren, z. B. so: „Eins, zwei, drei, Pause!" oder „Eins, zwei, drei, vier, Pause!".
Wichtig: Beim Wort „Pause" werden die Hände weit auseinander gehalten. So wird es schwieriger und interessant, zu beobachten, ob sich aus der größeren Entfernung der Hände die Kastanien/Nüsse zum „Klick, klack" wiederfinden. Sie können jetzt im Tempo abwechseln. Die Kinder stoßen die Kastanien/Nüsse entsprechend schnell oder langsam, laut (stark) oder leise (fein), in jedem Fall aber rhythmisch aneinander. Das macht Spaß! Am Ende spielen Sie das Lied „Klick, klack, Kastanien" von der CD vor oder singen es. Falls Sie mit Nüssen spielen, ersetzen Sie im Text die Wörter „Kastanien" und „Kastanienmusik" wie beim Liedtext angegeben. Alle Kinder lernen den Liedtext und klicken die Kastanien/Nüsse erneut an. Wiederholen Sie die Strophen ein paar Mal.

Zur Vertiefung können sich alle das Lied auf der CD anhören und mitmachen.

7 Stein auf Stein

Thema: **Steine, Klang und Bewegung**

Das brauchen Sie: verschiedene Steine (am besten Kieselsteine ohne scharfe Kanten, mit einem Durchmesser von ca. 4–6 cm)

Lernschwerpunkte:
- eine neue Klangquelle erforschen
- Formen und Farben entdecken
- Rhythmus- und Taktgefühl entwickeln
- Dynamik erleben
- die Fantasie anregen

Begleit-CD: Track 7: Stein auf Stein

Liedtext 1: Stein auf Stein

1 Sie sind flach oder rund,
manche eckig oder bunt.
Stein auf Stein, Stein auf Stein!
Wir sammeln Steine ein.
Stein auf Stein, Stein auf Stein!
Wir bauen was aus Stein.

2 Sie sind leicht oder schwer.
Steine mögen wir so sehr.
Stein auf Stein, Stein auf Stein!
Wir sammeln Steine ein.
Stein auf Stein, Stein auf Stein!
Wir bauen was aus Stein.

3 Jetzt schau mal her, ich zeig dir was
Mit zwei Steinen macht das Spaß!
Klicke laut, klicke fein,
so schön klingt dein Stein!

4 Klicke schnell, klicke langsam
und wir spielen jetzt gemeinsam.
Klicke, klack, klacke, klick.
Eine schöne „Steinmusik".

Liedtext 2: Klick, klack, Steine

(Melodie wie bei der 1. Strophe „Klick, klack, Kastanien", S. 28)

Klick, klack, Steine, klicke, klacke, klick!
Kinder, heute machen wir „Steinmusik".
Klick, klack, Steine, eins, zwei, drei, vier, klick!
Alle Kinder klicken zur „Steinmusik".

So geht es:

Sie organisieren einen Ausflug ins Freie, um schöne, große Steine zu finden. Die Steine werden im Karton, Körbchen oder Säckchen eingesammelt. Für diese Übung eignen sich am besten runde, flache oder ovale Kieselsteine. Man kann sie auch als Klangsteine kaufen.

Teil 1: Der Klang der Steine

Die Kinder sitzen im Kreis in einem größeren Abstand voneinander. Vereinbaren Sie mit ihnen die Regel: Mit Steinen wird nicht geworfen! Sie nehmen verschiedene Steine in die Hand und erklären ihre Formen und Farben. Probieren Sie aus, wie sich die Steine bewegen lassen: Die runden Steine kullern leicht, die flachen Steine lassen sich nur verschieben. Sie nehmen in jede Hand einen Stein und stoßen die Steine ein paar Mal zusammen. Was hören wir? Wir hören einen Klang.
Sie verteilen jetzt jeweils zwei Steine an die Kinder. Alle stoßen die Steine aneinander, horchen und achten auf den Klang. Sie helfen den Kindern, die Klänge zu unterscheiden. Manche Klänge sind tief, manche etwas höher. Durch das spontane Zusammenstoßen entsteht eine kleine Klang-Improvisation bzw. eine schöne „Steinmusik".

Jetzt singen/zitieren Sie die Strophen des Liedes „Klick, klack, Steine" und alle klicken ihre Steine an und singen mit.

Teil 2: Bewegung, Tempo, Dynamik

Im Mittelpunkt steht hier das rhythmische Zusammenstoßen der Steine zum angegebenen Takt. Man kann die Steine schnell, in mittlerem Tempo oder langsam anstoßen. Sie geben das Tempo vor und zählen rhythmisch bis zwei, drei oder vier. Alle spielen mit. Sie probieren mit den Kindern zusammen aus, wie die Steine leise oder laut angestoßen werden. Es macht viel Spaß! Schließlich kombinieren Sie, schnell und laut oder langsam und leise zu spielen. Das erfordert Konzentration und Aufmerksamkeit.
Bringen Sie den Kindern das Lied „Stein auf Stein" bei, indem Sie die CD abspielen oder das Lied vorsingen.

Teil 3: Wir bauen etwas aus Stein

Verfügen Sie über sehr viele verschiedene Steine, können Sie mit den Steinen auch etwas bauen lassen, z. B. die Steine übereinanderstapeln, in eine Reihe legen, einen Kreis formen usw. Der Kreativität und Fantasie der Kinder sind keine Grenzen gesetzt.

Musikalische Rollenspiele

Ich bin ein Kastanienbaum

Thema: **Sich fallen lassen, loslassen**

Das brauchen Sie: Kastanien/Nüsse (für jedes Kind zwei)

Lernschwerpunkte:
- Farben und Formen von Kastanien (Nüssen) und ihren Schalen kennenlernen
- einen Baum visualisieren
- sich in verschiedene Richtungen bewegen
- sich fallen lassen

Begleit-CD: Track 8: Ich bin ein Kastanienbaum

Liedtext: Ich bin ein Kastanienbaum

1. Ich bin ein Baum mit vielen Kastanien
   (oder „mit vielen braunen Nüssen")
   und ich schwinge im starken Wind.
   Nach links, nach rechts, nach oben, nach unten!
   So schwingen die Bäume im Wind.
   Nach links, nach rechts, nach oben, nach unten!
   So schwingen kann jedes Kind.

2. Alle Kastanien aus den grünen Schalen,
   (oder „Alle Nüsse in den braunen Schalen")
   sie fallen von oben herab.
   Und sie landen ganz sanft auf dem Boden. *(2 ×)*
   Lass sie los, die Kastanien von oben.
   (oder „die braunen Nüsse")

TIPP:

Falls Sie Nüsse verwenden, ändern Sie den Text wie oben angegeben ab.

So geht es:

Teil 1: Im Herbst

Organisieren Sie einen Ausflug ins Freie, um die Kastanien (oder Nüsse) mit den Kindern zu sammeln. Falls nicht möglich, besorgen Sie die Kastanien selbst.

Alle Kinder sitzen im Kreis. Sie verteilen an jedes Kind zwei Kastanien, für jede Hand eine. Sie beschreiben ihre Farben und die Formen.

Sie nehmen zwei Kastanien in Ihre Hände und stellen sich hin. Dann heben Sie Ihre Arme hoch und bewegen beide Arme jeweils nach links und nach rechts. Damit stellen Sie einen Kastanienbaum dar. Ein starker Wind kommt und Sie schwingen noch stärker mit Ihren hoch gestreckten Armen. Auch der ganze Körper schwingt nach rechts und nach links mit. Sie ändern die Richtungen, so wie es im Liedtext steht. Plötzlich lassen Sie die Kastanien nach unten fallen. Sie haben sie losgelassen.

Wiederholen Sie die Übung und singen oder sprechen Sie das Lied „Ich bin ein Kastanienbaum" den Kindern langsam vor.

Wenn Sie im Spiel Nüsse verwenden, wird das Wort „Kastanien" durch „braune Nüsse" ersetzt.

Teil 2: Ich bin ein Kastanien- oder Nussbaum (Visualisierung)

Alle Kinder stehen auf. Sie sollen sich vorstellen, dass sie Kastanien- bzw. Nussbäume sind. In jeder Hand des Kindes befindet sich eine Kastanie/Nuss. Die Hände/Arme werden möglichst hoch nach oben gestreckt. Die Kinder können sich dabei die großen Äste an einem Baum vorstellen.

Sie schwingen mit den Kindern zusammen hin und her und singen dabei das Lied. Plötzlich kommt ein starker Wind, der die Kastanien/Nüsse herunterweht. Haben alle Kinder ihre Kastanien/Nüsse fallen lassen? Vielleicht auch nicht. Wer will die Kastanien/Nüsse nicht loslassen? Das Loslassen ist eine kleine Herausforderung für manche Kinder, die ihre Kastanien nicht hergeben wollen. Erzwingen Sie nichts, sondern motivieren Sie die Kinder zum Fallenlassen.

Am Ende des Spiels werden alle Kastanien/Nüsse in ein Körbchen oder einen Karton eingesammelt.

Zur Vertiefung des Gelernten können sich alle das Lied auf der CD anhören und mitmachen.

9 Die sieben Zwerge

Thema: **Wir sind die sieben Zwerge, Bewegung**

Das brauchen Sie: eine oder mehrere rote Zipfelmützen aus Fleece oder Krepp-Papier

Lernschwerpunkte:
- etwas darstellen und visualisieren
- in eine Rolle schlüpfen
- sich bewegen

Begleit-CD: Track 9: Die sieben Zwerge

Liedtext: Die sieben Zwerge

1. Sieben Zwerge mit roter Mütze *(oder andere Zahl)*
gehen hoch zu der Bergesspitze.
Schauen hin und schauen her.
Sie mögen Bergesluft so sehr.

2. Die sieben Zwerge sind nicht dumm,
sie drehen sich gerne im Kreis herum.
Dann streicheln sie ihren kugelrunden Bauch
und 3-mal klatschen sie dann auch.

3. In die Hocke gehen die Zwerge,
sie legen sich hin auf diesem Berge.
Ihre Beine können sie strecken,
strampeln, zappeln und sich necken!

4. Die sieben Zwerge gehen den Berg hinab,
alle sind schon müde und ziemlich schlapp!
Und wenn sie endlich unten sind, *(2 ×)*
dann gehen sie nach Haus und ruhen sich dort aus.

So geht es:

Sie besorgen für jedes Kind (falls möglich) eine rote Mütze. Die Mützen können aus Krepp-Papier oder aus Fleece unkompliziert gebastelt werden. Im Liedtext geht es um die Zahl Sieben. Die Zahl können Sie ändern, je nachdem, wie viele Kinder im Spiel mitmachen.

Sie teilen den Kindern mit, dass sie heute die Zwerge mit den roten Mützen sind und dass die Zwerge einen Ausflug in die Berge machen. Alle Kinder-Zwerge stehen auf und hören aufmerksam zu.

Lesen oder singen Sie die erste Strophe des Liedes „Die sieben Zwerge" langsam vor. Der Liedtext gibt die Bewegungen des Körpers bzw. der Hände und Beine wieder. Sie können die Bewegungen nach Ihren Vorstellungen gestalten. Hier einige Beispiele:

Sieben Zwerge mit roter Mütze	mit den Fingern ein Dreieck über dem Kopf formen
gehen hoch … bzw. hinab	in großen Schritten ausschreiten
zu der Bergesspitze	eine Hand ganz hoch strecken und mit dem Finger auf die Spitze des Berges zeigen
schauen hin und her	eine Hand auf Augenbrauenhöhe an die Stirn halten und sich umschauen
und ruhen sich dort aus	den Kopf zur Seite neigen und auf die zusammengelegten Hände legen

Je nach zur Verfügung stehender Zeit und Aufnahmefähigkeit der Kinder können Sie auch nur eine oder zwei Strophen einsetzen. Wichtig sind die Wiederholungen der Strophen und dass die Kinder sich die Bewegungen einprägen, ebenso ihre Reihenfolge.

Zur Vertiefung des Gelernten können sich alle das Lied auf der CD anhören und mitmachen.

10 Ich putze und räume auf

Thema: **Putzen und Aufräumen**

Das brauchen Sie: Putzlappen, Wischmopp (oder zum Selberbasteln Bambusstock, Schnur und Lappen, evtl. Zeitungspapier)

Lernschwerpunkte:
- das Verhalten von Erwachsenen beobachten und nachahmen
- sich bewegen (hier: beim Putzen)
- Persönlichkeit stärken im Rollenspiel: „Ich/Wir räume/n auf" oder „Wir putzen"

Begleit-CD: Track 10: Ich putze und räume auf

Liedtext: Ich putze und räume auf

1 Für das Putzen bin ich nicht zu klein
und ich putze heute ganz allein.
Ganz allein!
Ich nehme meinen Lappen in die Hand
und ich putze die Regale an der Wand.

2 Ich wische auch den Staub in meinem Schrank.
Alles ist jetzt sauber und glänzt blink-blank.
Und „Wisch, wisch, wisch!" und „Eins, zwei, drei!":
Im Nu ist mein Schreibtisch fleckenfrei.

3 Dann mache ich den Lappen auch mal nass.
Das Putzen macht mir heute ganz viel Spaß.
Ich nehme den großen Wisch-Wischmopp
und schnell ist mein Boden ganz tipptopp.

Melodie im Walzertempo!

4 Ich räume auf mein Kinderzimmer
und singe dabei so laut wie immer:
„La, la, la, la, la, la" und „Putz, putz, putz!"
und weg ist gleich der Schmutz.
„La, la, la, la, la, la, la, putz, putz, putz!"
und weg ist gleich jeder Schmutz.

5 Schau her, ich räume gründlich auf.
Ihr lieben Freunde, verlasst euch drauf.
Meine Freunde, kommt zu mir herein.
Ich lade euch zum Spielen ein.
La, la, la, la, la, kommt zu mir herein,
Ich lade euch zum Spielen ein.

So geht es:

Teil 1: Wir basteln einen Wischmopp

Besorgen Sie für jedes Kind einen ca. 60 cm langen Bambusstock, Putzlappen und eine ca. 30 cm lange Schnur. Mit der Schnur werden die vier Ecken eines Lappens am Ende des Bambusstockes befestigt.
Damit der Lappen nicht so schlapp herunterhängt, kann man ihn vorher mit geknülltem Zeitungspapier ausfüllen. So entsteht ein „Lappenkopf" am Ende des Stockes. Man kann noch mit Filzstift Augen, Nase und Mund darauf malen – so sieht unser Wischmopp superlustig aus!

Teil 2: Wir putzen den Fußboden oder wischen den Staub

Die Kinder sitzen am Boden und beobachten Sie beim Putzen. Sie haben einen Lappen in der Hand und wischen den Staub von verschiedenen Gegenständen ab. Jedes Kind bekommt nun einen Lappen für sich und fängt ebenfalls an, zu putzen. Dann kommt der Wischmopp zum Einsatz (falls vorhanden). Damit kann man den Kunststoff- oder Parkettboden gut abstauben. Alle Kinder sind ab jetzt sehr beschäftigt. Im Hintergrund spielen Sie das Lied „Ich putze und räume auf" von der CD vor, der Liedtext gibt die Arten der Tätigkeit wieder, die die Kinder nachmachen. Die Strophen sind in der Ich-Form geschrieben. Sie können auch die Mehrzahl (Plural) einfügen, z. B.: „Für das Putzen sind wir nicht zu klein", „Wir nehmen einen Lappen in die Hand ..." oder „Wir wischen auch den Staub in unsrem Schrank."

Zur Vertiefung des Gelernten können sich alle das Lied auf der CD anhören.

TIPP:

Die Kinder können auch mit dem Mopp tanzen.

11 Eine kleine Raupe

Thema: **Verwandlung in der Natur (von der Raupe zum Schmetterling)**

Das brauchen Sie: grüne Blätter und Kunstblumen, evtl. Schmetterlingsflügel aus festem Papier, leichte, große Tücher oder Decken (als Raupenkokon)

Lernschwerpunkte:
- etwas darstellen und visualisieren (hier: Raupe und Schmetterling)
- die Verwandlung der kriechenden Raupe bis zum fliegenden Schmetterling wahrnehmen
- Bewegungsarten kennenlernen (kriechen, krabbeln, fliegen)

Begleit-CD: Track 11: Eine kleine Raupe

Liedtext: Eine kleine Raupe

1. Ich bin eine Raupe, die klettert hoch am Zaun.
Ich bin eine Raupe, die sucht sich einen Baum.
Ich bin eine Raupe, die knabbert schon am Blatt.
Ich bin eine Raupe und ich bin nimmer satt!

2. Und werde ich dann müde, dann schlafe ich mich aus.
Ich ziehe mich zurück in das kleine, warme Haus.
Nach einem langen Schlaf erwache ich im Frühling.
Schau mich jetzt nur an! Ich bin ein Schmetterling!

3. Ich bin ein Schmetterling mit schönen, bunten Flügeln.
Ich fliege über Wiesen oder lande auf dem Hügel.
Dort wachsen bunte Blumen in rosa, rot und gelb.
Ich fliege immer weiter, so weit, wie es mir gefällt. *(2 ×)*

TIPP:

Die Ich-Form können Sie durch die Pluralform ersetzen: „Wir sind kleine Raupen …“.

So geht es:

Teil 1: Die Raupe

Erzählen Sie den Kindern, dass sie alle jetzt grüne Raupen sind. Sie lesen den Liedtext langsam vor. Der Liedtext gibt die Bewegung der Raupe wieder, was Sie durch Mimik und Gestik begleiten.

Alle Kinder stellen sich vor, dass sie von Bäumen mit vielen grünen Blättern umgeben sind. Sie selbst kriechen nun als Raupen auf dem Boden oder klettern hoch auf den Baum (auf einen Stuhl o. Ä.). Die grünen Blätter aus Papier liegen auf dem Fußboden und jede Raupe (jedes Kind) kann die Blätter „anknabbern". Sie können auch auf den Baum klettern und dort die Blätter finden.

Alle haben sich viel bewegt und sind müde geworden. Die Raupen legen sich hin, um zu schlafen. Sie decken jedes Kind mit einem Tuch zu und erklären den Kindern, dass die Raupen jetzt einen Kokon (das Tuch) um sich herum bilden und sich zum Winterschlaf begeben.

Singen Sie den Kindern die zweite Strophe des Liedes „Eine kleine Raupe" vor und legen Sie sich auch hin.

Teil 2: Der Schmetterling

Nach einer stillen Pause singen Sie den letzten Teil der zweiten Strophe vor: „Nach einem langen Schlaf …", dann stehen Sie auf und sammeln alle Decken ein.

Sie erklären den Kindern, dass der Kokon im Frühling aufbricht und ein schöner Schmetterling herausfliegt. Die Raupe hat sich während ihres Schlafs zu einem schönen Schmetterling entwickelt. Und auch jedes Kind ist jetzt zum Schmetterling geworden.

Die Kinder bekommen die Papierflügel oder laufen mit gestreckten und flatternden Armen umher. Währenddessen singen/sprechen Sie die dritte Strophe des Liedes vor und tanzen, flattern mit den Armen und fliegen mit. Gemeinsam fliegen Sie über die Wiese und genießen das sonnige Wetter und die duftenden, bunten Blumen. Riechen die Kunstblumen auch? In der Kinderfantasie bestimmt!

Zur Vertiefung des Gelernten können sich alle das Lied auf der CD anhören und mitmachen.

12 Wie heißt der Pilz?

Thema: **Rollenspiel „Wie heißt der Pilz?", Bewegung**

Das brauchen Sie: eine oder mehrere rote Mützen mit weißen Punkten aus Fleece oder Krepp-Papier, evtl. ein großer Fliegenpilz aus Stoff o. Ä.

Lernschwerpunkte:
- Form und Farbe des Fliegenpilzes kennenlernen
- etwas darstellen, visualisieren, in eine Rolle schlüpfen
- sich bewegen (Gleichgewichtsübung)
- Grobmotorik entwickeln

Begleit-CD: Track 12: Wie heißt der Pilz?

Liedtext: Wie heißt der Pilz?

1 Ich bin ein Pilz und trage einen Hut. *(Mehrzahl: Wir sind …)*
Der rote Hut steht mir auch wirklich gut.
Darauf sind Punkte, gelbe oder weiße.
Wisst ihr Kinder, wie ich heiße?
Ich heiße Fliegenpilz.

2 Und ich stehe im Wald auf einem Bein.
Ich schau mich um und bin hier ganz allein.
Dann kann ich träumen, dass ich fliegen kann
wie der große Supermann!

3 Ich bin der Fliegenpilz, der große Supermann.
Ich zeig euch allen, was ich schon heute kann.
Auf einem Bein kann ich leicht springen
und mit euch Kindern zusammen singen.
La, la, la, la, la, la, la, la, la, la, la, la, la, la, la, la, la.

4 Ich hüpf gleich los und möchte ganz hoch fliegen.
Doch fall ich um und bleibe ganz flach liegen.
Mit einem Anlauf könnte ich wohl fliegen,
ach, könnt ich nur zwei Beine kriegen.

5 Ach, Kinder, wollt ihr mir zwei Beine zaubern,
dann könnt ich mit euch allen ganz weit wandern.
Doch plötzlich bin ich einfach weg!
Ich hab mich vor euch allen schnell versteckt. *(2×)*

So geht es:

Teil 1: Die Kinder stellen die Fliegenpilze dar

Besorgen Sie für jedes Kind eine kleine und flache, rote Mütze mit weißen Punkten darauf. Sie können aus Krepp-Papier oder aus Fleece unkompliziert gebastelt werden.
Sie teilen den Kindern mit, dass sie heute Pilze sind und jeweils eine rote Mütze mit weißen Punkten tragen. Pilze wachsen im Wald und da sind nun auch alle Kinder und Sie. Sie können ihnen einen echten Pilz auf einem Bild zeigen.
Alle Kinder-Pilze stehen und hören aufmerksam zu. Lesen oder singen Sie die Strophen des Liedes „Wie heißt der Pilz?" langsam vor. Der Liedtext gibt die Bewegungen des Körpers bzw. der Hände und Beine wieder. Was machen die Kinder-Fliegenpilze? Sie stehen vor allem sicher auf einem Bein! So zu stehen, ist für manche Kinder eine Herausforderung, weil sie das Gleichgewicht halten müssen.
Der Pilz-Supermann kann auch hüpfen und springen. Kann er auch fliegen? In der Kinderfantasie natürlich auch. Na, dann fangen alle an, zu fliegen.
In der letzten Strophe will sich der Fliegenpilz plötzlich aus Spaß verstecken. So verstecken sich auch die Kinder-Pilze und verteilen sich im Raum. Sie suchen lange, aber dann finden Sie jeden Pilz und begrüßen ihn: „Hallo, lieber Fliegenpilz, ich habe dich gefunden!"

Teil 2: Der Fliegenpilz aus Stoff

Das Übungsspiel kann man erweitern, falls ein Fliegenpilz aus Stoff oder anderem Material vorhanden ist.
Die Kinder sitzen im Kreis. Sie nehmen einen Fliegenpilz in die Hand und beschreiben seine Form und die Farben (ein roter Hut mit weißen Pünktchen und ein heller Fuß).
Soll der Pilz fliegen? Dann werfen Sie ihn zu einem Kind und nennen seinen Vornamen, z. B. „Hallo, Emilia, fange den Pilz auf!" oder „Hallo, Markus, fange jetzt du den Pilz!".
Dann werfen die Kinder sich den Pilz abwechselnd zu.
Der Pilz kann auch hüpfen oder springen. Welch ein Spaß! Soll sich der Pilz „ausruhen", wird er zum Stehen oder zum Liegen gebracht.
Am Ende des Spiels will sich der Pilz verstecken. Aber wo? Vielleicht hinter dem Rücken eines Kindes. Sie müssen den Pilz suchen und finden ihn nach einigem Herumschauen.

Zur Vertiefung des Gelernten können sich alle das Lied auf der CD anhören und mitmachen.

13 Ein Kürbis für Halloween

Thema: **Rollenspiel: Ich bin ein Kürbis für Halloween**

Das brauchen Sie: runde Kreise aus Pappe/Karton mit einem Durchmesser von 20 bis 30 cm mit ausgeschnittenen Löchern für Augen, Nase und Mund, Farbe in orange, Pinsel, schwarzer Filzstift, Süßigkeiten (Bonbons, Kekse), evtl. Verkleidungssachen und Schminke

Lernschwerpunkte:
- etwas visualisieren und darstellen
- die Persönlichkeit stärken

Begleit-CD: Track 13: Ein Kürbis für Halloween

Liedtext: Ein Kürbis für Halloween

1. Ich bin ein Kürbis für Halloween!
Euch zu erschrecken, habe ich im Sinn.
Ich habe zwei Augen und mein Kopf ist rund.
Ich zeige euch die Zähne mit meinem offenen Mund.

2. Ich bin ein Kürbis für Halloween!
Euch zu erschrecken, habe ich im Sinn.
Mein Kopf ist hohl und innen brennt ein Licht.
Ich bin ein Kürbis und auch ein Bösewicht.

3. Wollt ihr mit mir Frieden schließen?
Dann müsst ihr vor mir die Tür nicht verschließen.
Mit viel Süßigkeiten füllt ihr mir die Truhe,
dann lasse ich euch bestimmt in Ruhe. *(2 ×)*

INFO:

*Die Halloweenbräuche kamen in den 1990er-Jahren aus England über die USA nach Europa. Manche feiern am Abend des 31. Oktober in schaurigen Kostümen Partys. Die Kinder verkleiden sich als Hexen oder Teufel, gehen von Haus zu Haus und bitten um Süßigkeiten, ansonsten wird den Bewohner*innen ein Streich angedroht. In den Vorgärten der Häuser wird am Abend ein ausgehöhlter Kürbis mit einem eingeschnittenen Gesicht aufgestellt. Innen ist der Kürbis beleuchtet; er soll angeblich böse Geister abschrecken.*

So geht es:

Teil 1: Wir basteln Kürbismasken

Verteilen Sie an die Kinder bereits ausgeschnittene Kreise aus dicker Pappe mit einem Durchmesser von 20 bis 30 cm, die Löcher für Augen, Nase und Mund sind ebenfalls bereits ausgeschnitten. (Ältere Kinder können das Ausschneiden selbst übernehmen.)
Die Kinder malen die Scheiben orange an. Damit es gruseliger aussieht, können sie Augen, Nase und Mund noch mit dickem Filzstift umranden.
Die Scheiben erinnern nun an Kürbisse mit Gesicht.

Teil 2: Das Lied „Ein Kürbis für Halloween" lernen

Lesen Sie den Kindern alle Strophen langsam mehrmals vor. Hören Sie gemeinsam das Lied auf der CD und lernen Sie, es zu singen.

Teil 3: Das Spiel mit den Kürbismasken

Teilen Sie die Kinder in zwei Gruppen ein. Die Mitglieder der ersten Gruppe schminken und verkleiden sich, sie tragen z. B. Hexenhüte oder Umhänge. Sie stellen sich in einer Reihe nebeneinander auf.
Die zweite Gruppe steht in größerem Abstand genau gegenüber. Sie ist nicht verkleidet, hat aber ein paar Süßigkeiten dabei.
Nun wollen die verkleideten Kinder die anderen mächtig erschrecken, sie halten sich dazu die Kürbismaske vor das Gesicht und nähern sich „bedrohlich" der zweiten Gruppe. Doch schon werden sie besänftigt, denn die zweite Gruppe drückt der ersten etwas Süßes in die Hand.
Dann wechseln die Gruppen und das neue Spiel beginnt.

Wenn alle Kinder verkleidet sind, singen sie zum Abschluss noch einmal gemeinsam das Lied, während sie im Raum umhergehen und sich immer wieder ihre Masken vor das Gesicht halten.

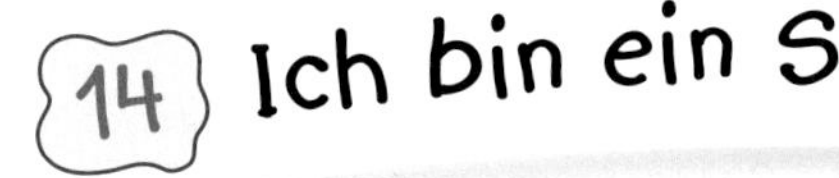

14 Ich bin ein Schneemann

Thema: **Winter, Schnee und Schneemann**

Das brauchen Sie: Schneemann-Handpuppe aus Filz, Fleece oder einen auf Karton gemalten Schneemann

Lernschwerpunkte:
- etwas visualisieren und darstellen (hier: einen Schneemann)
- Bewegungen nachahmen

Begleit-CD: Track 14: Ich bin ein Schneemann

Liedtext: Ich bin ein Schneemann

1 Ich bin ein Schneemann-mann,
der lange stehen kann
und alles sehen kann
und herzlich lachen kann.

2 Ich bin ein Schneemann-mann,
ihr Leute, seht mich an,
wie ich euch winken kann
und dabei nicken kann.

3 Dann kommt der Sonnenschein
und schmilzt den Schneemann ein.
Er wird nun immer nasser,
es bleibt nur nasses Wasser!

4 Dann kommen kleine Kinder
und bau'n den Schneemann wieder
mit zwei Augen, Nase, Mund
und einem Kopf ganz rund.

Er ist ein Schneemann-mann …

(*Die ersten zwei Strophen werden 2-mal wiederholt.*)

So geht es:

Teil 1: Die Schneemänner bewegen sich

Die Kinder stehen im Kreis. Sie erklären ihnen, dass sich jedes Kind jetzt in einen Schneemann verwandeln soll. Sie lesen die ersten beiden Strophen des Liedtextes langsam vor und führen die angegebenen Bewegungen aus. Was können die Kinder-Schneemänner heute machen? Sie können gerade stehen, alles mit den Augen sehen, mit den Köpfen nicken, mit den Händen winken, mit den Nasen riechen und dabei herzlich lachen. Sie bringen den Kindern die beiden ersten Strophen bei, führen die Bewegungen aus und die Kinder machen Ihre Bewegungen nach. Wiederholen Sie mehrmals die Übung.

TIPPS:

Falls draußen gerade viel Schnee liegt, organisieren Sie einen Spaziergang, um einen Schneemann zu bauen. Leider kann der Schneemann nicht ins Haus.
Eine gekaufte oder aus Fleece selbst gebastelte Schneemann-Handpuppe hilft bei der Visualisierung. Ist keine Stoffpuppe vorhanden, malen Sie einen großen Schneemann auf einen weißen Karton. Wichtig ist, dass die Kinder wahrnehmen, dass die Figur aus Schnee besteht, dass sie schwarze Augen hat, eine Karottennase usw. (siehe Liedtext).

Teil 2: Der Schnee schmilzt

Wählen Sie aus der Gruppe drei bis vier ältere Kinder aus. Sie sollen die Rolle der Kinder spielen, die in der vierten Strophe die neuen Schneemänner bauen. Alle anderen Kinder sind schon in Schneemänner verwandelt. Sie sprechen oder singen die dritte Strophe vor. Die Schneemänner schmelzen in der Sonne und die Kinder gehen langsam in die Hocke. Sie werden immer kleiner und sinken am Ende zu Boden. Sie singen jetzt die vierte Strophe vor. Die ausgewählten drei oder vier Kinder bauen neue Schneemänner. Das heißt, sie helfen den Schneemann-Kindern beim Aufstehen. Alle richten sich auf und zeigen auf Augen, Nase, Mund und Kopf. Sollten Sie draußen Schnee zur Verfügung haben, bringen Sie den Kindern eine Schneekugel in den Spielraum mit und legen die Kugel auf eine Schüssel. (Sie können auch aus drei Schneekugeln einen Mini-Schneemann bauen). Alle beobachten, wie die Schneekugel bzw. der Schneemann langsam nach und nach schmilzt. So schmilzt auch der Schneemann draußen, wenn das Wetter wärmer wird und die ersten warmen Sonnenstrahlen kommen.

Zur Vertiefung des Gelernten können sich alle das Lied auf der CD anhören und mitmachen.

15 Ein kleiner Nikolaus

Thema: **Ein Nikolaus kommt ins Haus**

Das brauchen Sie: rote Nikolausmützen, die Schuhe der Kinder, Stoffsäckchen, Weihnachtsglocke, kleine gleiche Geschenke für alle Kinder und für Sie (Bonbons, Kekse oder Selbstgebasteltes)

Lernschwerpunkt:
- sich gegenseitig beschenken, jemandem etwas geben
- loslassen
- Persönlichkeit stärken im Rollenspiel: „Ich bin der Nikolaus"

Begleit-CD: Track 15: Ein kleiner Nikolaus

Liedtext: Ein kleiner Nikolaus

Ich bin ein kleiner Nikolaus
und ich komme gern zu euch nach Haus.
Ich bring euch viele süße Plätzchen,
sie sind schon alle in meinem Säckchen.

Stellt jetzt euren Schuh hinaus,
einfach so, vor euer Haus.
Und dann leg ich was Kleines in euren Schuh hinein!
Wie jedes Jahr! So soll es sein.
Dann lege ich was Schönes in euren Schuh hinein.
Alle Jahre wieder.
(danach 6 × pfeifen oder dazu „La, la" singen)
Alle Jahre wieder, so soll es sein.

So geht es:

Der Nikolaus kommt zu uns ins Haus

Die Kinder nehmen einen eigenen Schuh von der Garderobe mit und stellen ihn etwas abseits im Spielraum hin. Dann setzen sich die Kleinen in einen Sitzkreis auf den Boden.

Fragen Sie die Kinder, ob jemand den Nikolaus spielen möchte. Meldet sich niemand freiwillig, wählen Sie ein älteres Kind aus. Das Kind geht mit Ihnen aus dem Zimmer und bekommt hinter der Tür eine Nikolausmütze, das Säckchen mit einheitlichen kleinen Geschenken und die Glocke.

So verkleidet klopft das Nikolauskind an die Tür und klingelt mit der Weihnachtsglocke. Alle Kinder rufen: „Herein, bitte!".

Während das Kind ins Zimmer kommt, sprechen Sie folgende Reime:

„Heute kommt zu euch ein Nikolaus

und er ist schon da in unsrem Haus.

Er steckt ein kleines Geschenk in euren Schuh hinein

wie jedes Jahr. So soll es sein."

Sie singen/sprechen das Lied „Ein kleiner Nikolaus" langsam vor. Das Nikolauskind geht jetzt zu den Schuhen, öffnet sein Säckchen und legt in jeden Schuh eine Kleinigkeit hinein. Auch sein Schuh und Ihr Schuh werden gefüllt.

Dann gehen Sie mit dem Nikolauskind hinaus, ziehen ihm die Mütze aus und Sie kommen beide wieder zurück in den Spielraum.

Alle Kinder laufen neugierig zu ihren Schuhen und holen ihr kleines Geschenk heraus (auch Sie aus Ihrem Schuh). Alle Kleinigkeiten sollten gleich sein, damit sich kein Kind beim Vergleich benachteiligt fühlt.

Das Rollenspiel können Sie eventuell noch einmal mit einem anderen Kind vorführen, falls es genügend kleine Geschenke gibt.

Am Ende lernen alle Kinder das Lied „Ein kleiner Nikolaus".

Musizieren mit Rhythmusinstrumenten

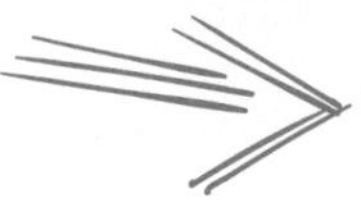

16 Die fleißigen Trommler

Thema: **Trommel-Improvisation, Rhythmusinstrumente**

Das brauchen Sie: Handtrommeln (möglichst für alle Kinder), evtl. Tamburine

Lernschwerpunkte:
- Instrumente bauen und ihre Spielweise kennenlernen
- Dynamik und Tempo wahrnehmen
- Rhythmusgefühl entwickeln, Rhythmus im Takt zählen
- gemeinsam und individuell spielen/trommeln
- eigene Gefühle wahrnehmen und intensivieren
- sich bewegen, tanzen

Begleit-CD: Track 16: Die fleißigen Trommler

Liedtext: Die fleißigen Trommler

1. Wir schlagen auf die Trommel:
bum, bum, bum!
Dann drehen wir uns einmal
im kleinen Kreis herum *(bum, bum)*.

2. Wir schlagen auf die Trommel
und stampfen mit dem Bein.
Bum, bum! Für das Trommeln
sind wir nicht zu klein.

3. Wir spielen immer weiter,
eins, zwei, bum!
Das Spiel, das macht uns heiter,
die Zeit ist noch nicht um *(bum, bum)*.

4. Der Spaß ist nicht vorbei
und wir zählen bis drei:
bum, bum, eins, zwei, drei!
Die Kinder singen laut dabei.

5. Bum, bum, la, la, la.
Ja, die Trommler sind jetzt da.
Bum, bum, la, la, la,
die Trommler sind jetzt da.

So geht es:

Teil 1: Trommel-Improvisation, Tanz

Die Kinder stehen oder sitzen in einem größeren Abstand voneinander. Sie zeigen ihnen eine Handtrommel und erklären ihre Bauweise. Dann schlagen Sie auf die Trommel mal schnell, langsam, laut und leise. Die Kinder schauen und hören aufmerksam zu.

Nun bekommt jedes Kind eine Handtrommel. Alle dürfen beliebig darauf spielen. Es entsteht eine spontane, meist laute Improvisation. Dieses musikalische Durcheinander macht großen Spaß.

Es ist interessant, zu beobachten, wie die Kinder trommeln. Manche schlagen sehr laut und stark an, manche schlagen leise und vorsichtig.

Sie sprechen oder singen das Lied „Die fleißigen Trommler" vor und laden die Kinder dazu ein, gleichzeitig zu trommeln, zu tanzen und zu singen. Es entsteht eine spontane und unterhaltsame Improvisation.

Teil 2: Dynamik und Tempo

Alle Kinder sitzen im Kreis. Sie geben ihnen verschiedene Spielweisen als Beispiele zum Nachmachen. Es wird ein paar Mal laut oder leise getrommelt, dann zur Abwechslung schnell oder langsam. Sie können die Hände wechseln, d. h., es spielt zuerst nur die rechte Hand und danach nur die linke Hand.

Jedes Kind könnte auch allein oder mit Ihnen zu zweit spielen. Das Trommeln alleine stärkt das Persönlichkeitsgefühl des Kindes. Wichtig sind die Wiederholungen und die Wahrnehmung der Unterschiede in der Dynamik und im Tempo. Die Kinder sollen die Gegensätze erkennen und anschließend nachahmen.

Teil 3: Rhythmisches Trommeln, Rhythmus zählen

Sie geben den Kindern das Tempo und den Rhythmus vor. Sie schlagen die Trommel erst sehr langsam an und zählen bis zwei dabei. Haben die Kinder es richtig gelernt und nachgemacht, können Sie bis drei oder später bis vier zählen und trommeln. Das Tempo des Zählens und des Trommelns können Sie beliebig beschleunigen.

Teil 4: Pause ist auch Musik

Es gibt eine weitere schöne Übung: Sie bauen zwischen dem Rhythmuszählen und Trommeln noch eine Pause ein. Sie rufen z. B.: „Eins, zwei, Pause!" oder „Eins, zwei, drei, Pause!" und die Kinder stimmen ein und machen alles nach.

Während der Pause soll die Hand nicht auf der Trommel liegen, sie können die Hand zum Spaß einfach hochheben.

Zur Vertiefung des Gelernten können sich alle das Lied auf der CD anhören.

17 Unsre Schellenringe klingen

Thema: **Schellenring-Improvisation, gemeinsames Musizieren**

Das brauchen Sie: kleine Instrumente wie Schellenringe/-kränze/-stäbe

Lernschwerpunkte:
- mit Schellenringen umgehen (Feinmotorik: greifen, halten; Bewegung beim Schütteln)
- experimentieren und improvisieren
- Bauweise, Form und Klangquelle der Instrumente kennenlernen
- Wechsel von Dynamik (laut, leise) und Tempo (langsam, schnell) wahrnehmen
- Rhythmus zählen bis zwei, drei oder vier
- eigene Gefühle wahrnehmen und zum Ausdruck bringen

Begleit-CD: Track 17: Unsre Schellenringe klingen

Liedtext: Unsre Schellenringe klingen

1. Klinge-linge-ling, unsre Schellenringe klingen.
„La, la, la, la, la" – die Kinder singen
und schütteln die Schellenringe laut oder leise. *(schütteln)*
Wie schön! Wir musizieren auf diese Weise.

2. Klinge-linge-ling, unsre Schellenringe klingen.
„La, la, la, la, la" und wir tanzen und singen
und schütteln die Schellenringe schnell oder langsam. *(schütteln)*
Tanze jetzt alleine *(schütteln)* und dann mit uns gemeinsam *(schütteln)*.

3. Klinge-linge-ling, unsre Schellenringe klingen.
„La, la, la, la, la" und wir alle singen
und spielen und zählen: eins, zwei, drei, vier.
Eins, zwei, drei, vier; eins, zwei, drei, vier.
Zähle jetzt alleine *(schütteln)*, dann mit uns gemeinsam *(schütteln)*.

So geht es:

Teil 1: Schellenring-Improvisation, Bewegung

Alle Kinder sitzen im Kreis. Sie zeigen den Kindern einen Schellenring, Schellenstab oder Schellenkranz und erklären die Bauweise (viele kleine Glöckchen usw.), das Material und die Spielweise. Dann schütteln Sie den Schellenring und alle hören zu, wie er klingelt oder klirrt.

Verteilen Sie die Instrumente an die Kinder (möglichst für jedes Kind ein Rhythmusinstrument). Lassen Sie die Gruppe eine Weile selbst experimentieren. Im Stehen geht es vielleicht besser. Die Kinder können auch „La, la, la" singen und dabei tanzen.

Sie schließen sich später der Gruppe an und machen mit. So entsteht eine laute und klirrende Improvisation.

Durch das starke Schütteln der Instrumente kommen unterschiedliche Gefühle zum Ausdruck. Um das Persönlichkeitsgefühl zu stärken, lassen Sie jedes Kind auch alleine spielen. Vielleicht traut sich das Kind, dabei zu tanzen und „La, la, la" zu singen.

Teil 2: Tempo, Dynamik und Rhythmuszählen

Sie schütteln jetzt die Schellenringe schnell oder langsam und die Kinder machen es nach. Danach spielen Sie laut oder leise. Diese Übungen wiederholen Sie mehrmals, damit die Kinder den Wechsel von Tempo und Dynamik besser wahrnehmen können. Dies steht bei dieser Übung im Vordergrund.

Jetzt zählen Sie rhythmisch bis zwei, drei oder vier. Alle Kinder ahmen nach. Bei der Übung mit Rhythmuszählen können Sie auch die Pausen zwischendurch einbauen (vgl. S. 50 die Übungsbeschreibung von „Die fleißigen Trommler").

Am Ende singen Sie das Lied „Unsre Schellenringe klingen" langsam vor und alle spielen und singen mit.

Zur Vertiefung des Gelernten können sich alle das Lied auf der CD anhören.

18 Die Glockenspielreise

Thema: **Glockenspiel-Improvisation**

Das brauchen Sie: kleine Instrumente: Glockenspiel (Xylofon, Metallofon-Klangbausteine), Schlägel (möglichst mit weichem Filzkopf)

Lernschwerpunkte:
- mit Schlägeln umgehen (Feinmotorik: greifen, halten, Handbewegung beim Anschlagen)
- experimentieren und improvisieren
- Persönlichkeit stärken, eigene Emotionen ausdrücken
- Bauweise, Form und Klang der Instrumente kennenlernen
- Dynamik (laut, leise) und Tempo (langsam, schnell) wahrnehmen
- Rhythmus bis zwei, drei oder vier zählen

Begleit-CD: Track 18: Die Glockenspielreise

Liedtext: Die Glockenspielreise

1 Schau, ich lasse die Schlägel springen!
Und ich kann dabei schön singen:
eins, zwei, drei, la, la, la,
eins, zwei drei, la, la, la.
Hör gut zu, wie die Töne erklingen.
La, la, la, eins, zwei, drei
und ich singe dabei.
Hör gut zu, wie die Töne erklingen.

2 Schau, ich lasse die Schlägel springen!
Spiel mir nach, gemeinsam wir klingen.
Langsam, schnell oder laut?
Eins, zwei, drei, wir sind dabei,
laut und leise wie die kleine Ameise.
Langsam, schnell oder laut?
Eins, zwei, drei, wir sind dabei,
laut und leise auf der Glockenspielreise.
La, la, la, la, la, la, … *usw.*

Es folgt das Glockenspiel mit oder ohne Gesang.

TIPP:

Alternative dritte Strophe für ältere Kinder, die schon wissen, dass die einzelnen Töne Buchstaben-Bezeichnungen haben, und die eine Tonleiter kennen:

(3) *Und der Schlägel springt immer weiter*
spielt C, D, E und die ganze Tonleiter.
Manchmal laut oder leise, zwischendurch mit der Pause. (2×)
Ich und du auf der Glockenspielreise!

So geht es:

Teil 1: Bau- und Spielweise des Glockenspiels, experimentieren

Alle Kinder sitzen im Kreis. Zeigen Sie den Kindern das Instrument, beschreiben Sie das Material und erklären Sie die Spielweise. Zeigen Sie, wie man den Schlägel in der Hand halten kann. Sie schlagen die verschiedenen Töne auf dem Instrument an. Die Kinder hören aufmerksam zu.

Danach verteilen Sie die Glockenspiele (Xylofone, Metallofone oder die einzelnen Metallofon-Klangbausteine) zusammen mit den Schlägeln an die Kinder und lassen die Kleinen eine Weile alleine experimentieren und improvisieren.

Teil 2: Rhythmus, Tempo, Dynamik, gemeinsames Improvisieren

Das Spiel soll auch die rhythmischen Inhalte vermitteln. Mit dem gleichzeitigen Zählen bis zwei, drei oder vier schlagen Sie die Töne an. Die älteren Kinder können zusammen mit Ihnen den Rhythmus zählen.

Auch die Dynamik- und Tempoarten sollen alle Kinder wahrnehmen. Schnell, langsam oder laut und leise zu spielen, macht viel Spaß. Bei der Übung kommen durch den starken oder leichten Anschlag auch unterschiedliche Gefühle zum Ausdruck. Um das Persönlichkeitsgefühl zu stärken, lassen Sie jedes Kind auch einzeln improvisieren.

Am Ende singen/sprechen Sie das Lied „Die Glockenspielreise“ langsam vor und spielen bzw. improvisieren mit.

Zur Vertiefung des Gelernten können sich alle das Lied auf der CD anhören und mitspielen.

19 Die Triangel hat drei Ecken

Thema: **Triangel, gemeinsames Musizieren/Improvisieren**

Das brauchen Sie: kleine Triangeln mit Schlägeln (möglichst für jedes Kind)

Lernschwerpunkte:
- Triangel als Klangquelle kennenlernen
- Bauweise, Material und Form erforschen
- Feinmotorik fördern (halten, greifen)
- Anschlagtechnik kennenlernen
- experimentieren und improvisieren (persönlichkeitsstärkend)
- sich bewegen
- eigene Gefühle wahrnehmen und ausdrücken
- Dynamik und Tempo wahrnehmen
- Rhythmus zählen

Begleit-CD: Track 19: Die Triangel hat drei Ecken

Liedtext: Die Triangel hat drei Ecken

1. Die Triangel hat drei Ecken,
drei Ecken wie der Hut.
Und wenn ich sie anschlage,
dann klingt sie schön und gut.

2. Sie klingelt wie ein Glöckchen:
Klinge-ling, klinge-ling,
klinge-ling.
Und wenn ich sie anschlage,
dann schaukelt sie und schwingt.

3. Klinge-ling, klinge-ling,
sie klingelt weiter
und ich schwinge auch dabei.
Dann halte ich sie ganz, ganz
fest, *(2×)*
dann ist die Musik vorbei.

So geht es:

Teil 1: Improvisieren, experimentieren

Die Kinder sitzen im Kreis. Während Sie die Triangel in einer Hand halten und in der anderen einen kleinen Schlägel, zeigen und erklären Sie den Kindern Folgendes:

„Die Triangel ist ein gebogener Stab. Er besteht aus Metall. Er ist geformt wie ein Dreieck. Auf einer Seite ist das Dreieck offen. Man hält die Triangel an einem Bändchen. Wenn man sie mit einem Stab aus Holz oder Metall anschlägt, erklingt ein heller Ton. Er klingt eine Weile nach. Mit der Triangel kann man nur diesen einen Ton spielen."
Sie verteilen jetzt die Instrumente und helfen beim Halten und Anschlagen. Dann lassen Sie die Kinder einfach alleine improvisieren. Manche Kinder schlagen die Triangel fein und leise an und manche stark und laut.

Teil 2: Wahrnehmung von Dynamik und Tempo, den Rhythmus zählen

A. Tempo:
Sie schlagen die Triangel in langsamem Tempo an und alle Kinder machen es Ihnen nach. Dann wählen Sie ein Kind aus, sprechen es mit seinem Namen an und animieren es zum Spielen. Das Alleinspiel stärkt die Persönlichkeit des Kindes.
Sie schlagen die Triangel auch in schnellem Tempo und alle oder nur ein ausgewähltes Kind machen es Ihnen nach.

B. Dynamik:
In diesem Teil der Übung erfahren die Kinder die Gegensätze zwischen laut und leise in der Musik. Sie wiederholen den Ablauf wie im Teil A beschrieben.

C. Rhythmus zählen und Pausen (eher für Kinder ab zweieinhalb Jahren geeignet):
Sie zählen mal bis zwei, mal bis drei oder vier und die Kinder spielen und sprechen Ihnen nach. Sobald Sie merken, dass das rhythmische Anschlagen gut beherrscht wird, bauen Sie zwischen den Zahlen eine Pause ein: „Eins, zwei, Pause!", „Eins, zwei, drei, Pause!" oder „Eins, zwei, Pause, drei!" Die Pause ist auch Musik!
Um das rhythmische Spielen bzw. Anschlagen einzuüben, wiederholen Sie die Übung mehrmals.

Teil 3: Gemeinsames Musizieren (spielen, singen, tanzen)

Sie singen den Liedtext „Die Triangel hat drei Ecken" langsam vor. Der Text gibt die Handlung wieder. Alle Kinder stehen auf, spielen mit der Triangel, singen („La, la, la, klinge-ling-ling" oder mit dem Liedtext) und bewegen sich, tanzen und schwingen. Zur Vertiefung des Gelernten können sich alle das Lied auf der CD anhören und mitmachen.

20 Der Klanghölzertanz

Thema: **Andere Klangquellen, Klanghölzer**

Das brauchen Sie: Klanghölzer (paarweise), möglichst für alle Kinder

Lernschwerpunkte:
- Tonerzeugung bei Klanghölzern entdecken
- Material und Form kennenlernen
- Tempo und Rhythmus wahrnehmen
- sich bewegen

Begleit-CD: Track 20: Der Klanghölzertanz

Liedtext: Der Klanghölzertanz

1 Klanghölzer reiben sich,
sie reiben sich stark oder fein.
Ja, das geht gut nur zu zweit
und sicher nicht allein.

2 Klanghölzer klopfen auch,
sie klopfen auf den Boden.
Schnell oder ziemlich langsam.
Mal einzeln oder gemeinsam.

3 Klanghölzer marschieren gern.
Sie wollen ganz weit gehen.
Und wenn sie müde sind,
dann bleiben sie kurz stehen.

4 Klanghölzer hüpfen hoch
und sie springen auch.
Von Kopf zur Schulter, zum Po,
zu den Füßen und auf deinem Bauch.

5 Klanghölzer rollen,
sie rollen hin und her.
Ja, das ist gar nicht leicht,
doch es gefällt uns sehr.

6 Wenn wir sie zusammenschlagen,
können sie schön klingen.
Es tut nicht weh, es ist nur Spaß!
Sie begleiten uns beim Singen.

7 Klanghölzer verstecken sich
bei den Kindern hinter dem Rücken.
Mit Klanghölzern können wir uns strecken
und auch ganz tief bücken.

8 Klanghölzer tanzen gern,
wie viele auf der Welt.
Am liebsten tanzen sie einen Walzer,
da der Walzer den Kindern gefällt.

9 La, la, la, la, eins, zwei, drei,
da der Walzer den Kindern gefällt.
La, la, la, la, eins, zwei, drei,
da der Walzer den Kindern gefällt.

So geht es:

Teil 1: Tempo, Rhythmus zählen

Die Kinder sitzen im Kreis. Sie zeigen ihnen die Klanghölzer, benennen das Material und die Form. Einer von zwei Holzstäben liegt in Ihrer linken, leicht gekrümmten Hand. Die gekrümmten Finger bilden einen Resonanzraum. Mit der rechten Hand schlagen Sie waagrecht von oben darauf. Alle erfahren einen kurzen und trockenen Klang ohne Nachhall.

Sie verteilen jetzt die Klanghölzer paarweise an die Kinder. Das beschriebene korrekte Halten der Holzstäbe ist für die Kinder in diesem Alter noch zu schwierig. Es reicht, wenn die Kinder die Klangstäbe in den Händen halten und sie zusammenschlagen, schnell oder langsam.

Lassen Sie die Kinder zuerst improvisieren. Dann fangen Sie an, zu zählen, und schlagen die Hölzer bis zwei, bis drei oder bis vier an (im Walzer- oder Marschrhythmus). Alle machen es Ihnen nach.

Teil 2: Das Spiel mit Pausen, „Pause ist auch Musik“

In das Spiel können Sie zwischendurch eine Pause einbauen. Beim Wort „Pause“ gehen die Hände weit auseinander. Dafür ist es erforderlich, dass die Kinder in einem größeren Abstand voneinander sitzen.

Sie rufen z. B.: „Eins, zwei, Pause! Eins, zwei, Pause!“ oder „Eins, Pause, zwei, Pause, drei, vier!“ oder „Eins, Pause, zwei, Pause, drei, vier!“.

Was können die Klanghölzer noch? Sie singen das Lied „Der Klanghölzertanz“ langsam vor. Der Liedtext gibt die Bewegung der Holzstäbe wieder. Sie können rollen, stehen, hüpfen, springen, sich reiben usw.

Zur Vertiefung des Gelernten können sich alle das Lied auf der CD anhören.

21 Löffelklick

Thema: **Andere Klangquellen, kleine Löffel-Improvisation**

Das brauchen Sie: zwei Tee- oder Esslöffel für jedes Kind, evtl. Holzlöffel

Lernschwerpunkte:
- Rhythmus, Tempo und Dynamik wahrnehmen
- Konzentration schulen
- klatschen, tanzen

Begleit-CD: Track 21: Löffelklick

Liedtext: Löffelklick

1. Klick, klack, klack! Schlag die Löffel zusammen.
Ganz laut und schnell! Der Spaß hat angefangen.
Eins, zwei, drei, jetzt langsam und leise.
Unsre Suppenlöffel gehn heute auf die Reise.

2. Klopf, klopf, klopf, wir klopfen jetzt am Boden.
Dann klick, klack, klack, unsre Hände sind oben.
Und kling, kling, kling, die Löffel klingen schrill!
Hör gut hin, jetzt sind sie still.
Hör gut hin, jetzt sind sie plötzlich still. *(leise gesprochen)*

3. Husch, husch, husch, lasst uns die Löffel verstecken.
Wohin? Hinter den Rücken. Wer mag sie entdecken?
Walzertempo! Und plötzlich sind sie wieder da und fangen an, zu klingen.
Klick, klack, klack, klick, klack, la, la, la. *(2 ×)*
Sie wollen mit uns singen.

So geht es:

Teil 1: Draußen oder drinnen, Übung zur ersten Strophe, mit oder ohne Bewegung/Tanz

Die Kinder sitzen zuerst im Kreis. Besorgen Sie für jedes Kind zwei Löffel: Teelöffel für die Kleinsten und Esslöffel für die Großen. Sie selber halten in jeder Hand einen Esslöffel und schlagen die beiden mit der runden Seite aneinander. Alle Kinder machen es nach. So entsteht ein lautes und klingendes Durcheinander.

Nachdem die Kinder ihre erste Erfahrung mit dem Löffelanschlagen gemacht haben, zeigen Sie ihnen, wie man laut und leise (Dynamik) oder schnell und langsam (Tempo) die Löffel zusammenstoßen kann. Die Kinder ahmen es nach.

Sprechen oder singen Sie jetzt die erste Strophe des Liedes „Löffelklick" langsam vor. Der Text gibt die Art des Zusammenschlagens vor.

Teil 2: Übungen zur zweiten und dritten Strophe

Strophe 2: Die Kinder sitzen wieder im Kreis. Alle klopfen mit ihren Löffeln jetzt auf den Boden (möglichst auf einen harten Boden, damit das Geräusch nicht gedämpft ist). Je lauter der Krach, desto mehr Spaß macht es den Kindern! Lesen oder singen Sie jetzt die zweite Strophe des Liedes langsam vor. Dabei folgen Sie mit Ihren Bewegungen dem Text und die Kinder machen es nach.

Plötzlich rufen Sie „Stopp! Pause! Hört gut hin, jetzt sind sie still!" und alle Hände senken sich und hören mit dem Anschlagen auf.

Strophe 3: Der Spaß geht noch weiter. Sie lesen oder singen den Kindern die dritte Strophe vor. Passend zur ersten Textzeile, verstecken alle ihre Löffel hinter ihren Rücken. Bei der zweiten Zeile zeigen Sie deutlich, wie Sie sich wundern und sich fragen, wohin alle Löffel verschwunden sind. Dann sind plötzlich alle Löffel wieder da und die Kinder klopfen erneut die Löffel laut aneinander oder auf den Boden.

Schließlich spielen Sie das Lied von der CD noch einmal vollständig vor und alle ahmen die Bewegungen nach und singen mit.

Teil 3: Rhythmus zählen ohne oder mit Pauseneinführung

Es folgt eine rhythmische Übung ohne Musik. Damit die Kinder sich gut konzentrieren können, empfehle ich, die Übung im Sitzen zu machen.

Zählen Sie zuerst rhythmisch bis zwei und schlagen Sie die Löffel zweimal an. Die Kinder machen es Ihnen nach. Haben es alle richtig gemacht, zählen Sie weiter bis drei bzw. vier und schlagen die Löffel aneinander. Wiederholen Sie diese rhythmische Übung mehrmals.

Pauseneinführung: Beim Zählen können Sie eine Zahl durch das Wort „Pause" ersetzen: Die Löffel werden bei „Pause" festgehalten und nicht mehr angeschlagen. Dann wird weitergezählt und dazu klicken die Löffel aneinander. Auf diese Weise müssen die Kinder aufmerksam zuhören und zuschauen.

Beispiele: „Eins, Pause, zwei, Pause, eins, Pause …" oder „Eins, zwei, Pause, eins, zwei, Pause …" oder „Eins, zwei, drei, Pause …".

Die Pause gehört auch zur Musik!

Alternative: Das Spiel ohne Löffel, dafür mit Händeklatschen

Sie können mit den Kindern das Lied auch ohne Löffel nutzen und dazu nur in die Hände klatschen. Verwenden Sie in diesem Fall die folgende Version des Liedtextes; die Melodie ändert sich nicht:

Löffelklatsch

1 Klatsch, klatsch, klatsch! Schlag die Hände zusammen.
Ganz laut und schnell! Der Spaß hat angefangen.
Eins, zwei, drei, dann langsam und leise.
Unsre beiden Hände gehn heute auf die Reise.

2 Klopf, klopf, klopf, wir klopfen auf den Boden.
Dann hoch, hoch, hoch, unsre Hände sind oben.
Und klatsch, klatsch, klatsch, die Hände klatschen schrill!
Hör gut hin, jetzt sind sie still.
Hör gut hin, jetzt sind sie still. *(leise gesprochen)*

3 Husch, husch, husch, jetzt die Hände verstecken.
Wohin? Hinter den Rücken. Wer mag sie entdecken?
Walzertempo! Und plötzlich sind sie wieder da und fangen an, zu klatschen.
Klatsch, klatsch, klatsch, klatsch, klatsch, la, la, la. *(2×)*
Sie machen mit beim Singen.

Noten zu allen Liedern dieses Buches

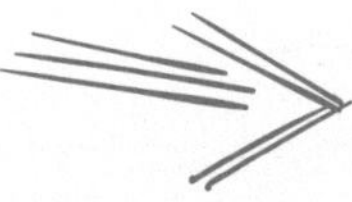

Auf den folgenden Seiten haben wir für Sie alle Noten zu den Liedern wie in einem Liederbuch zusammengestellt.

Falls Sie die Lieder selbst singen und begleiten möchten, finden Sie auch passende Begleitakkorde.

Der Tonumfang ist so bemessen, dass er für Kinder gut singbar ist, aber auch von einer weniger geübten Erwachsenenstimme angenehm umgesetzt werden kann.

1 Federleicht

2 Die fliegenden Tücher

3 Mein Luftballon schwebt

4 Das Windrad dreht sich

5 Die Papprolle

31
G7 C F
du, du, du, du, du, du, du, du, du, du, du, du, du, du, du, du,
34
C G7 C F
du, du,du, du, du, du, du, du, du, du, du,du, du, du, du, du, du, du,
38
C G7 C
du, du, du, du, du, du, du, du, du, du.

6 Klick, klack, Kastanien (Nüsse)

15
G D A7 Hm
Klick, klack, Nüs - se. kli-cke, kla-cke, klick. Kin-der, heu-te ma-chen wir
18
G A D G D
ei-ne Nuss-mu-sik. Klick, klack, Nüs - se, kli-cke, kla-cke, klick.
21
A7 Hm G A D
Al - le Kin-der kli-cken zur "Nuss - mu - sik". La, la, la, la, la,
24
G D A7 Hm G A D
eins, zwei, drei, vier, klick, la, la, la, la, la, la, kli-cke, kla-cke, klick.
27
G D A7 Hm G A D
La, la, la, la, la, eins, zwei, drei, vier, klick, la, la, la, la, la, la, la, la, la, klick.

7 Stein auf Stein

8 Ich bin ein Kastanienbaum

9 Die sieben Zwerge

27
A7
D
G
al - le sind schon mü - de und ziem - lich schlapp! Und wenn sie end - lich
30
D
A7
D
un - ten sind, dann ge - hen sie nach Haus und ru - hen sich dort aus. Und
33
G
D
A7
D
A7
D
wenn sie end-lich un-ten sind, dann ge-hen sie nach Haus und ru-hen sich dort aus.

10 Ich putze und räume auf

40
G G7 C D7 G C G
"La, la, la, la, la, la, la, putz, putz, putz!" und weg ist gleich je - der Schmutz. Schau
49
Em D7 A D D7 G C G
her, ich räu - me gründ - lich auf. Ihr lie - ben Freun-de, ver - lasst euch drauf. Mei-ne
57
Em D A D D7 Am D7 G C G
Freun - de, kommt zu mir he - rein. Ich la - de euch zum Spie - len ein. La,la, la, la,
66
G7 C D7 G C G
la, kommt zu mir he - rein. Ich la - de euch zum Spie - len ein.

11 Eine kleine Raupe

12 Wie heißt der Pilz?

31
Am F G7 C Am D
lie - gen. Mit ei-nem An - lauf könn-te ich wohl flie - gen. Ach, könnt ich nur zwei Bei-ne
35
G C G7 C
krie - gen. Ach, Kin-der wollt ihr mir zwei Bei-ne zau - bern? Dann könnt ich
38
Am E7 Am F G7 C
mit euch al-len ganz weit wan - dern. Doch plötz-lich bin ich ein-fach weg! Ich hab mich
42
G7 C G7 F Fm C
vor euch al-len schnell ver - steckt! Ich hab mich vor euch al - len schnell ver - steckt!

13 Ein Kürbis für Halloween

Noten zu allen Liedern dieses Buches

14 Ich bin ein Schneemann

15 Ein kleiner Nikolaus

16 Die fleißigen Trommler

17 Unsre Schellenringe klingen

18 Die Glockenspielreise

22
D
drei, wir sind da - bei, laut und lei - se auf der Glo - cken-spiel - rei - se. La, la,
25
G A7 Fism Hm Em A7
la, la, la, la, la, la, la, la, la, la, la. La, la, la, la, la, la, la, la,
28
D G A7 Fism Hm
la, la. La, la, la, la, la, la, la, la, la, la, la, la, la. La, la,
31
Em A7 D
la, la, la, la, la, la, la, la.

19 Die Triangel hat drei Ecken

20 Der Klanghölzertanz

46
Cm G7 Fm Cm G7
klin-gen. Es tut nicht weh, es ist nur Spaß! Sie be - glei - ten uns beim
51
Cm G7
Sin-gen. Klang - höl - zer ver - ste - cken sich bei den Kin - dern hin - ter dem
55
Cm Fm Cm G7 Cm
Rü-cken. Mit Klang-höl-zern kön-nen wir uns stre-cken und auch ganz tief bü-cken.
60
Fm Cm G7 Cm G7
Klang - höl-zer tan - zen gern wie vie - le auf der Welt. Am lieb - sten tan - zen sie
65
Fm Cm G7 Cm Fm
ei - nen Wal-zer, da der Wal - zer den Kin - dern ge - fällt. La, la, la, la,
72
Cm G7 Cm G7
eins, zwei, drei, da der Wal-zer den Kin-dern ge - fällt. La, la, la, la,
80
Fm Cm G7 Cm
eins, zwei, drei, da der Wal - zer den Kin - dern ge - fällt.

21 Löffelklick

26
Fism Hm Em A7 Fism A7 D
wie - der da und fan - gen an, zu klin-gen: Klick, klack, klack, klick, klack, la, la,
35
G D A D G A7
la. Sie wol - len mit uns sin - gen. Klick, klack, klack, klick, klack,
42
Fism Hm D A7 D
la, la, la. Sie wol - len mit uns sin - gen.

Fotos Innenteil

S. 7: © Shutterstock/Oksana Kuzmina
S. 10/11: © Shutterstock/Vitalinka
S. 17: © Shutterstock/Anna Nahabed
S. 24: © Shutterstock/JRP Studio
S. 27: © Shutterstock/In The Light Photography
S. 32: © Shutterstock/Swirk
S. 36: © Shutterstock/A. Basler
S. 38: © Shutterstock/Light Field Studios
S. 42: © Shutterstock/Ladislav Berecz
S. 43: © Shutterstock/Picture Partners
S. 49: © Shutterstock/FH Photo
S. 53: © Shutterstock/CL Shebley
S. 60: © Shutterstock/Dizfoto

Ebenfalls von der Autorin

Kita-Praxis – einfach machen!

DaF-/DaZ-Lieder. Allererste Wörter beim Singen, Bewegen und Tanzen lernen.

Alexandra Maria Perz

Viele Kinder können, wenn sie in die Kita kommen, kein oder nur sehr wenig Deutsch sprechen und müssen sprachlich gefördert werden. Die Lieder, Spiele und Übungen in diesem Buch helfen dabei. Sie greifen einfache Wörter aus dem Lebensalltag der Kinder auf und verbinden den Grundwortschatz mit Bewegung, Spiel und Spaß. Die 23 Lieder auf der Audio-CD haben Ohrwurm-Garantie und prägen sich durch eingängige Melodien gut ein. So machen sie auch den deutschsprachigen Kindern Freude und lassen sich daher perfekt im Gruppenalltag einsetzen. So garantieren Sie spielerischen und kindgerechten Spracherwerb und sorgen gleichzeitig für ein gutes Klima in der Kita-Gruppe.

Paperback, 72 S., 17 × 24 cm, inkl. Audio-CD
ISBN 978-3-8346-5157-0